おはよう
韓国語2

崔柄珠

はじめに

　本書は、かわいいイラストを楽しみながら学ぶ『おはよう韓国語1』の第2弾で、ハングルの基本的な読み書きや用言の活用、簡単な挨拶を既に身につけた学生を対象としたテキストです。現在・過去・未来の用言や連体形などの規則活用、また変則用言などの不規則活用についてしっかり学びます。同時にこれまで学習した文法を基に様々な文型パターンを身につけ、表現の幅を増やしていきます。自分自身についての表現のみならず、身近な場面や状況に応じた会話への応用を目指しました。

各課は本文、発音・語彙、文法と表現、まとめ、イラスト単語帳の順で進み、全10課で構成されています。

■ 本文：『おはよう韓国語1』に続いて登場する강 은지（姜 恩知）、다키가와 히로（滝川 広）、김 민수（金 珉秀）、そこに新たに뒤퐁 리자（**Dupont Lisa**）が加わることでより国際性あふれるキャンパスを描きました。**彼らが繰り広げる本格的かつ親密なキャンパスライフを通じ、より親しみやすい、より応用しやすい会話に仕上げました。**

■ 発音・語彙：学習者ができるだけ早く慣れるように**ハングルとアルファベット両方の発音記号と発音規則の説明をつけました。**

■ 文法と表現：**文法**は、各課ごとに**4つの基本文法や文型の学習ポイント**として示しています。**表現**は、ミニ会話として成り立つ身近なシチュエーションを取り入れ、文法事項の理解にとどまらず、会話の練習ができるように工夫しました。

■ まとめ：「まとめ1」は、**各文法事項に相応したワークシート**として作成されたので授業の中でその都度行うことも、課題として出すことも可能です。「まとめ2」は、**本文を応用した会話練習や作文練習で構成され**、より様々な表現を経験できます。「まとめ3」は、**基本的な単語を復習させるために単語練習帳を設けました。**

■ イラスト単語帳：本文のテーマとリンクされた単語帳は、**イラストの視覚効果で暗記の手助けになります。**

　最後に、『おはよう韓国語1』に引き続き、本書の出版に至るまで導いてくださった朝日出版社の山田 敏之さん、山中 亮子さんに厚くお礼を申し上げます。また、かわいいイラストを描いてくださった朴 志海さん、辛 ナラさん、そして、本書の校正やアドバイスをくださった片山 瑛奈さん、本当にありがとうございました。

　多くの方々の深い愛情に包まれて『おはよう韓国語2』を出版することができました。本書の出版をもって感謝の気持ちをお伝えいたします。

2014年

著者　崔柄珠

강은지 （姜 恩知）

韓国から来た日本語学科の留学
生。かわいいけどおっちょこちょ
いな女子大生。

滝川 広 （다키가와 히로）

経済学科。真面目でかつ几帳面。
韓国大好きの日本人大学生。

김 민수 （金 珉秀）

韓国から来た優しくておしゃれ
な写真学専攻の大学院生。

듀퐁 리자 （Dupont Lisa）

フランスから来たアニメーショ
ン学科の留学生。日本大好きな
緑目をした女子大生。

第1課 프랑스에서 왔어요.

CD-2

처음 뵙겠습니다.

저는 듀퐁 리자예요.

2년 전에 프랑스에서 왔어요.

애니메이션을 공부하고 있어요.

오래전부터 일본 애니메에 관심이 많았어요.

특히 『도나리노 토토로』를 좋아했어요.

졸업하면 애니메이터가 되고 싶어요.

発音・語彙

連音化　애니메이션을 [셔늘 ʃjɔ nɰl]

관심이 [시미 ʃi mi]

처음 [tʃʰɔ ɰm]　初めて

뵙겠습니다 [뵙껟씀니다 pwep ʔket ʔsɰm ni da]　お目にかかります
*濃音化 1：ㅂ | ㄱ ＝ ㅂ | ㄲ、ㄷ (ㅆ代表音) | ㅅ ＝ ㄷ | ㅆ
*鼻音化：ㅂ ＋ ㄴ ＝ ㅁ ＋ ㄴ

　　　　　　　　　　　　　　(基)뵙다（お日にかかる）

저 [tʃɔ]　私

은 / 는 [ɰn / nɰn]　～は　　主題を表す助詞。

이에요 / 예요 [i e jo / e jo]　～です　「입니다」よりうちとけた表現。

2 년 전 [i njɔn dʒɔn]　2 年前

에 [e]　～に

프랑스 [pɰ raŋ sɰ]　フランス

에서 [e sɔ]　～から（出発点）

왔어요 [와써요 wa ʔsɔ jo]　来ました　【文法 1】
*連音化：ㅆ ＋ ㅇ ＝ ↗ ㅆ

　　　　「(基)오다 来る」＋「았 / 었어요 ～でした・ました」

애니메이션 [ɛ ni me i ʃjɔn]　アニメーション

을 / 를 [ɰl / rɰl]　～を　　目的格助詞。

공부하다 [koŋ bu ha da] 工夫　勉強する

고 있어요 [고 이써요 go i ʔsɔ jo]　～（し）ています　【文法 2】
*連音化：ㅆ ＋ ㅇ ＝ ↗ ㅆ

　　　　　　　　　　　　　　(基)있다（ある、いる）

오래전부터 [o rɛ dʒɔn bu tɔ]　ずっと以前から

일본 [il bon]　日本

관심 [kwan ʃim] 關心　関心、興味

이 / 가 [i / ga]　～が　　主語を表す助詞。

많았어요 [마나써요 ma na ʔsɔ jo]　多かったです　【文法 1】
*連音化：ㅎ ＋ ㅇ ＝ ↗ ㄴ、ㅆ ＋ ㅇ ＝ ↗ ㅆ

　　　　「(基)많다 多い」＋「았 / 었어요 ～でした・ました」

특히 [트키 tʰɰ kʰi]　特に
*激音化：ㄱ ＋ ㅎ ＝ ↗ ㅋ

도나리노 토토로 [to na ri no tʰo tʰo ro]　『となりのトトロ』(1988) スタジオジブリ制作の日本の長編アニメーション作品。

좋아했어요 [조아해써요 tʃo a hɛ ʔsɔ jo]　好きでした　【文法 1】
* ㅎの無音化：ㅎ ＋ ㅇ ＝ ↗ ㅇ　* 連音化：ㅆ ＋ ㅇ ＝ ↗ ㅆ

　　　　「(基)좋아하다 好きだ」＋「았 / 었어요 ～でした・ました」

졸업하면 [조러파면 tʃo rɔ pʰa mjɔn]　卒業したら　【文法 3】
*連音化：ㄹ ＋ ㅇ ＝ ↗ ㄹ　* 激音化：ㅂ ＋ ㅎ ＝ ㅍ

　　　　「(基)졸업하다 卒業する」＋「으면 / 면 ～れば、～たら」

애니메이터 [ɛ ni me i tɔ]　アニメーター

이 / 가 되다 [i / ga dwe da]　～になる

고 싶어요 [고 시퍼요 go ʃi pʰɔ jo]　～（し）たいです　【文法 4】
*連音化：ㅍ ＋ ㅇ ＝ ↗ ㅍ

　　　　「(基)고 싶다 ～たい」＋「아 / 어요～です・ます」

文法と表現

---

1. **過去形** 　　　　　　　　～でした・ました 　　　　　　　〔합니다체・해요체〕
 　　1-1 用言＋았 / 었　1-2 用言＋았 / 었の縮約形　1-3 하다用言　했
2. **動詞＋고 있다** 　　　　　～（し）ている 　　　　　　　　〔動作の進行〕
3. **用言＋으면 / 면** 　　　　～（す）れば、～（し）たら 　　　〔仮定・条件〕
4. **動詞・存在詞＋고 싶다** 　　～（し）たい 　　　　　　　　　〔希望〕

---

1. 過去形　　　　　　～でした・ました　　〔합니다체・해요체〕
1-1　用言＋았 / 었

❖ 用言の語幹末（「다」の直前）の母音が「ㅏ, ㅗ」の場合は「았」、「ㅏ, ㅗ以外」の場合は「었」
　をつけて過去を表す。

❖ 「았 / 었」の後の**합니다体は「습니다」をつけて「았습니다 / 었습니다」**、解要体は「어요」
　をつけて「**았어요 / 었어요**」となる。

❖ 名詞文の指定詞「이다 ～だ」では、名詞の最後の文字がパッチム無しの場合、語幹「이」が省
　略される時がある。**パッチム有りの場合「이었」、パッチム無しの場合「였」**となる。

❖ ただし、指定詞「아니다 ～でない」という否定の過去形は、**「아니었습니다 / 아니었어요」**
　となることに要注意 !!!

動詞・存在詞・形容詞

陽母音語幹 ㅏ , ㅗ 　　　　+ 았 　　→ 어요
　　　　　　　　　　　　　　　　　　　→ 습니다

　찾다 探す 　　　　　　찾 + 았 　　→ 찾았어요 . 探しました。
　　　　　　　　　　　　　　　　　　　→ 찾았습니다 .

陰母音語幹 ㅏ , ㅗ 以外 　+ 었 　　→ 어요
　　　　　　　　　　　　　　　　　　　→ 습니다

　멀다 遠い 　　　　　　멀 + 었 　　→ 멀었어요 . 遠かったです。
　　　　　　　　　　　　　　　　　　　→ 멀었습니다 .

指定詞

名詞 パッチム有 　　　　　+ 이었
　대학생이다 大学生だ 　　　+ 이었 　→ 대학생이었어요 . 大学生でした。
　　　　　　　　　　　　　　　　　　　→ 대학생이었습니다 .

名詞 パッチム無 　　　　　+ 였
　학교이다 学校だ 　　　　　+ 였 　　→ 학교였어요 . 学校でした。
　　　　　　　　　　　　　　　　　　　→ 학교였습니다 .

表現1 「過去形 았 / 었」を使って話してみましょう。

A: 이메일 받았습니까?　　　　B: 이메일 받았어요.

例　A B : 이메일 받다

① 　A B : 생일 파티 재미있다

② 　A B : 학교 기숙사 좋다

③ 　A B : 한국어 수업 길다

이메일	Ｅメール	기숙사	寮
받다	受け取る	좋다	よい
생일	誕生日	한국어	韓国語
파티	パーティー	수업	授業
재미있다	面白い	길다	長い

1-2　用言＋았 / 었の縮約形

❖ 語幹末（「다」の直前）にパッチムがなく、後ろに過去形を作る語尾「았」や「었」が続く場合、音が重なるため縮約される。『おはよう韓国語1』のp.108〜109を参照。

母音の省略　ㅏ , ㅓ , ㅐ , ㅔ , ㅕ

① 가다 行く　　**가** ＋ **았** ＋ **어요** → **갔**어요.　行きました。
　　　　　　　　　　　 ＋ **습니다** → **갔**습니다.

② 서다 立つ、止まる **서** ＋ **었** ＋ **어요** → **섰**어요.　立ちました。
　　　　　　　　　　　　 ＋ **습니다** → **섰**습니다.

③ 개다 晴れる　　**개** ＋ **었** ＋ **어요** → **갰**어요.　晴れました。
　　　　　　　　　　　 ＋ **습니다** → **갰**습니다.

④ 베다 切る、刈る **베** ＋ **었** ＋ **어요** → **벴**어요.　切りました。
　　　　　　　　　　　　 ＋ **습니다** → **벴**습니다.

⑤ 켜다 つける　　**켜** ＋ **었** ＋ **어요** → **켰**어요.　つけました。
　　　　　　　　　　　 ＋ **습니다** → **켰**습니다.

母音の合成　ㅗ, ㅜ, ㅣ, ㅚ

① 오다 来る　　　**오 + 았 + 어요**　→ 왔어요.　来ました。
　　　　　　　　　　　+ 습니다　→ 왔습니다.

② 배우다 学ぶ　　**배우 + 었 + 어요**　→ 배웠어요.　学びました。
　　　　　　　　　　　　+ 습니다　→ 배웠습니다.

③ 걸리다 かかる　**걸리 + 었 + 어요**　→ 걸렸어요.　かかりました。
　　　　　　　　　　　　+ 습니다　→ 걸렸습니다.

❹ 되다 なる　　　**되 + 었 + 어요**　→ 됐어요.　なりました。
　↓1つしかない　　　　**+ 습니다**　→ 됐습니다.

1-3　하다用言　했

❖ 「하다」で終わるすべての用言、即ち「하다用言」の現在形は「해」、過去形は「했」となる (文体では「하였」)。

　　　하다 用言　하다 する　**했 + 어요**　→ 했어요.　しました。
　　　　　　　　　　　　　+ 습니다　→ 했습니다.

表現 2　昨日、何をしたか話してみましょう。

A: 어제 뭐 했습니까?　　　　　B: 연극을 봤어요.

14

例　B：연극을 보다

① B：박물관에 가다

② B：방을 청소하다

③ B：친구를 기다리다

어제	昨日	방	部屋
뭐	何（무엇の略語）	청소하다	掃除する
연극	演劇	친구	友達
보다	見る	기다리다	待つ
박물관	博物館		

2. 動詞＋고 있다　　　　～（し）ている　　　　〔動作の進行〕

❖ ある動作が進行中であることや継続して繰り返されている習慣などを表す。

❖ 動詞の語幹にそのままつく。

動詞語幹	＋ 고 있어요 / 고 있습니다	
읽다　　読む	메일을 읽고 있어요.	メールを読んでいます。
하다　　する	운동을 하고 있습니다.	運動をしています。

表現3　皆さんが今現在何をしているか話してみましょう。

CD-5

例　책을 읽고 있어요.

②음악을 듣다
音楽を聴く

①그림을 그리다
絵を描く

例책을 읽다
本を読む

③도시락을 먹다
お弁当を食べる

3. 用言＋으면／면　〜（す）れば、〜（し）たら　〔仮定・条件〕

❖ 用言の語幹について仮定や条件を表す接続語尾である。

❖ 語幹末（「다」の直前）がパッチム有りの場合「으면」、パッチム無しと ㄹパッチムの場合「면」がつく。

❖ 指定詞では、名詞の最後の文字がパッチム有りの場合「이면」、パッチム無しの場合「면」がつく。

動詞・存在詞・形容詞語幹　パッチム有 ＋ **으면**

늦다 遅い、遅れる　　　**늦으면 연락 주세요 .**　　遅くなったら連絡ください。

動詞・存在詞・形容詞語幹　パッチム無 ＋ **면**
　　　　　　　　　　　　パッチム ㄹ

아프다 痛い　　　　　　**아프면 쉬어요 .**　　　具合が悪ければ休んでください。
떠들다 騒ぐ　　　　　　**떠들면 안 돼요 .**　　　騒いだらいけません。

指定詞　名詞　パッチム有 ＋ **이면**

시험이다 試験だ　　　　**시험이면 내일 봐요 .**　　試験ならば明日会いましょう。

指定詞　名詞　パッチム無 ＋ **면**

친구이다 友だちだ　　　**친구면 소개해 주세요 .**　友達なら紹介してください。

表現4　休暇の際、どこに行くのか「으면／면」を入れて話してみましょう。

A: 이번 휴가 때 어디 가요 ?　　　　　B: 날씨가 좋으면 등산 가요 .

例　B：날씨가 좋다, 등산 가다

① B：눈이 오다, 스키장에 가다

② B：돈이 있다, 여행 가다

③ B：휴가가 길다, 해외에 가다

이번	今度	날씨	天気	돈	お金
휴가	休暇	등산	登山	여행	旅行
때	時	눈	雪	해외	海外
어디	どこ	스키장	スキー場		

4. 動詞・存在詞 + 고 싶다　　　　～（し）たい　　　　〔願望〕

❖ ある行為をしたいという願望や要望を表す。
❖ 動詞、存在詞の語幹にそのままつく。
❖ cf)「고 싶어하다（～（し）たがる）」は、第三者の願望を表す。

動詞・存在詞語幹	＋ 고 싶어요 / 고 싶습니다
쉬다 休む	오늘은 쉬고 싶어요. 今日は休みたいです。
있다 いる	여기에 있고 싶습니다. ここにいたいです。

表現5　卒業したら何をしたいのか話してみましょう。　　　CD-7

A：졸업하면 뭐하고 싶습니까?　　　　B：회사에서 일하고 싶어요.

例　B：회사에서 일하다

① B：결혼하다

② B：유학을 가다

③ B：디자이너가 되다

회사	会社	디자이너	デザイナー
일하다	働く	결혼하다	結婚する
유학	留学		

1. 次の基本形を過去形に変えてみましょう。

用言文・基本形 *基本形の「다」の前の母音を見る	過・합니다体 / 해요体 았어요 / 었어요 았습니다 / 었습니다 ㅏ , ㅗ / ㅏ , ㅗ以外	用言文・基本形	過・합니다体 / 해요体 았어요 / 었어요 았습니다 / 었습니다 ㅏ , ㅗ / ㅏ , ㅗ以外
닫다　閉める	닫았어요 / 닫았습니다	끊다　切る、断つ	끊었어요 / 끊었습니다
읽다　読む		넣다　入れる	
믿다　信じる		늙다　老いる	
놓다　置く		젊다　若い	
앉다　座る		많다　多い	
찾다　探す		적다　少ない	
받다　受け取る		좋다　よい	
잡다　つかむ		싫다　嫌い	
있다　ある・いる		넓다　広い	
없다　ない・いない		좁다　狭い	
입다　着る		높다　高い	
벗다　脱ぐ		낮다　低い	
웃다　笑う		괜찮다　大丈夫だ	
울다　泣く		늦다　遅い	
살다　住む		밝다　明るい	
알다　知る		작다　小さい	
놀다　遊ぶ		짧다　短い	
名詞文	이었습니다 / 였습니다 パッチム有 / 無	名詞文	이었습니다 / 였습니다 パッチム有 / 無
학교　学校		어머니　お母さん	
병원　病院		선생님　先生	

2. 次の基本形を過去形に変えてみましょう。

用言文・基本形 *基本形の「다」の前の母音を見る	過・합니다体 / 해요体 았어요 / 었어요 았습니다 / 었습니다 ㅏ, ㅗ / ㅏ, ㅗ以外 하다 → 했(変則)	用言文・基本形	過・합니다体 / 해요体 았어요 / 었어요 았습니다 / 었습니다 ㅏ, ㅗ / ㅏ, ㅗ以外 하다 → 했(変則)
가다　　行く	갔어요 / 갔습니다	배우다　　　学ぶ	배웠어요 / 배웠습니다
타다　　乗る		바꾸다　　代える、変わる	
사다　　買う		싸우다　　　戦う	
자다　　寝る		나누다　　　分ける	
차다　　冷たい		마시다　　　飲む	
만나다　　会う		가르치다　　教える	
끝나다　　終わる		달리다　　　走る	
떠나다　　発つ		기다리다　　待つ	
일어서다　立つ		버리다　　　捨てる	
나서다　　進み出る		내리다　　降りる、降る	
보내다　　送る		다니다　　　通う	
지내다　　過ごす		사랑하다　　愛する	
해내다　　成し遂げる		공부하다　　勉強する	
세다　　数える		좋아하다　　好きだ	
펴다　　広げる		싫어하다　　嫌がる	
보다　　見る		생각하다　　考える	
바라보다　眺める		시작하다　　始まる	
오다　　来る		운동하다　　運動する	
들어오다　入ってくる		되다　　　なる	
돌아오다　帰ってくる		안 되다　ダメだ、いけない	

3. 例のように「고 있어요」を入れて文を作ってみましょう。

공부를 하다 勉強をする → 공부를 하고 있어요. 勉強をしています。

(1) 머리를 감다 髪を洗う

→ ....

(2) 구두를 신다 靴を履く

→ ....

(3) 수다를 떨다 おしゃべりをする

→ ....

4. 例のように「으면 / 면」と「아요 / 어요」を入れて文を作ってみましょう。

운동을 하다 運動をする/상쾌하다 爽快だ→운동을 하면 상쾌해요. 運動をすれば爽快で気持ちがいい

(1) 웃다 笑う / 복이 오다 福が訪れる（直：来る）

→ ....

(2) 몸이 아프다 具合が悪い / 약을 먹다 薬を飲む

→ ....

(3) 돈을 벌다 金を稼ぐ / 세계 여행을 떠나다 世界旅行に出る

→ ....

5. 例のように「고 싶어요」を入れて文を作ってみましょう。

오늘은 쉬다 今日は休む→ 오늘은 쉬고 싶어요. 今日は休みたいです

(1) 스카이라운지에서 저녁을 먹다 スカイラウンジで夕飯を食べる

→ ....

(2) 생일에 친구들을 초대하다 誕生日に友達を招待する

→
....

(3) 한국 음식을 만들다 韓国料理を作る

→
....

6. 次の文を韓国語に訳しましょう。

(1) 3年前にロンドンに住んでいました。

→
....

(2) 私はおはよう大学に通っています。

→
....

(3) 卒業したら何をしたいですか。

→
....

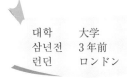

대학	大学
삼년전	3年前
런던	ロンドン

※ これまで学んできた現在形・過去形の「用言の縮約形」をまとめると次のようである。

	現・아 / 어の縮約	過・아 / 어の縮約
母音の省略	① ㅏ+어̶요 = ㅏ요	ㅏ + 았 + 습니다 / 어요 = 았습니다 / 았어요
	② ㅓ+어̶요 = ㅓ요	ㅓ + 었 + 습니다 / 어요 = 었습니다 / 었어요
	③ ㅐ+어̶요 = ㅐ요	ㅐ + 었 + 습니다 / 어요 = 샜습니다 / 샜어요
	④ ㅔ+어̶요 = ㅔ요	ㅔ + 었 + 습니다 / 어요 = 셌습니다 / 셌어요
	⑤ ㅕ+어̶요 = ㅕ요	ㅕ + 었 + 습니다 / 어요 = 셨습니다 / 셨어요
母音の合成	① ㅗ+아요 = ㅘ요	ㅗ + 았 + 습니다 / 어요 = 왔습니다 / 왔어요
	② ㅜ+아요 = ㅓ요	ㅜ + 었 + 습니다 / 어요 = 웠습니다 / 웠어요
	③ ㅣ+어요 = ㅕ요	ㅣ + 었 + 습니다 / 어요 = 셨습니다 / 셨어요
	④ ㅚ+어요 = ㅙ요	ㅚ + 었 + 습니다 / 어요 = 쇘습니다 / 쇘어요
하다用言	① 하다　　 = 해요	하다　　　　　　　 = 했습니다 / 했어요

1. 会話文を日本語に訳してみましょう。

처음 뵙겠습니다.

....

저는 듀퐁 리자예요.

....

2 년 전에 프랑스에서 왔어요.

....

애니메이션을 공부하고 있어요.

....

오래전부터 일본 애니메에 관심이 많았어요.

....

특히 『도나리노 토토로』를 좋아했어요.

....

졸업하면 애니메이터가 되고 싶어요.

....

2. 自己紹介を韓国語で書いて話してみましょう。

挨拶・名前	
出身	
専攻	
興味	
卒業後	

처음 初めて			
뵙겠습니다 お目にかかります			
저 私			
이년 전 2年前			
프랑스 フランス			
왔어요 来ました			
애니메이션 アニメーション			
공부하다 勉強する			
고 있어요 ～（し）ています			
오래전부터 ずっと以前から			
일본 日本			
관심 関心、興味			
많았어요 多かったです			
특히 特に			
좋아했어요 好きでした			
졸업하면 卒業したら			
애니메이터 アニメーター			
이 / 가 되다 ～になる			
고 싶어요 ～（し）たいです			

1 韓国の小学生の将来の希望（한국 초등학생의 장래 희망） CD-8

『애들아 , 마법풍선 불어볼까 ?
（さあみんな、魔法の風船を膨らまそう）』
　　出所：韓国統計庁 2012.12

※韓国では小学生達が統計に興味を持てるように社会全般
　の統計知識を統計ストーリーの童話で企画・発刊した。

1 위　운동 선수
1 位　運動選手

2 위　교사
2 位　教師

3 위　연예인
3 位　芸能人

4 위　의사
4 位　医者

5 위　과학자
5 位　科学者

6 위　경찰
6 位　警察

7 위　요리사
7 位　料理師

8 위　화가
8 位　画家

9 위　음악 관계자
9 位　音楽関係者

10 위　공무원
10 位　公務員

옛날 옛적 산 속에 홀어머니와 오누이가 함께 살고 있었습니다.

어머니는 떡을 팔고 계십니다. 그 날도 늦게까지 떡을 팔고 집으로 돌아가고 있었습니다.

아이들을 위해서 서둘러서 고개를 넘어가고 있었습니다.

그 때 호랑이 한 마리가 불쑥 나타났습니다.

호랑이는 배가 고픕니다.

그래서 어머니의

떡을 쳐다보고, "떡 하나 주면 안 잡아먹지." 라고 말했습니다.

가족이 어떻게 되십니까 ?

히로 　민수 씨 , 가족이 어떻게 되십니까 ?

민수 　네 명입니다 . 아버지 , 어머니가 계시고 ,
　　　여동생이 한 명 있습니다 .

히로 　부모님은 무슨 일을 하십니까 ?

민수 　아버지는 회사원 , 어머니는 주부십니다 .

히로 　여동생은 대학생입니까 ?

민수 　아뇨 , 졸업하고 회사에 다니고 있습니다 .

히로 　정말 부럽네요 ! 저는 형제가 없습니다 .

発音・語彙

連音化 부모**님은**
[니믄 ni mɯn]

ㄴの添加・連音化 무슨 **일을**
[니를 ni rɯl]

連音化・激音化 **졸업하**고
[러퍼 rɔ pʰa]

씨 [ˀsi] 氏	〜さん
가족 [ka dʒok]	家族

이 / 가 어떻게 되십니까 ? 【文法１】
[이 / 가 어떠케 되심니까 i / ga ɔˀtɔ kʰe dwe sim ni ˀka]
*激音化：ㅎ＋ㄱ＝ㅎ＋ㅋ
*鼻音化：ㅂ＋ㄴ＝ㅁ＋ㄴ

家族や名前、年齢などを尋ねる時の婉曲な表現として幅広く使われる。
①가족이 어떻게 돼요 ?（ご家族はどなたがいらっしゃいますか。）
②성함이 어떻게 되십니까 ?（お名前を伺ってもよろしいですか。）
③연세가 어떻게 되세요 ?（おいくつでいらっしゃいますか。）

네 명 [ne mjɔŋ]	4 名
입니다 [임니다 im ni da]	〜です
*鼻音化：ㅂ＋ㄴ＝ㅁ＋ㄴ	丁寧でかしこまった表現。　　　基이다（〜だ）
아버지 [a bɔ dʒi]	お父様
어머니 [ɔ mɔ ni]	お母様
계시고 [ke ʃi go]	いらっしゃって　　　　　　　　【文法３】
	「基계시다 いらっしゃる」＋「고 〜て」
여동생 [jɔ doŋ sɛŋ]	妹
한 명 [han mjɔŋ]	1 名
있습니다 [읻씀니다 it ˀsɯm ni da]	います / あります
없습니다 [업씀니다 ɔp ˀsɯm ni da]	いません / ありません
*濃音化１：ㄷ（ ㅆの代表音）＋ㅅ＝ㄷ＋ㅆ 　　　　　ㅂ（ ㅄの代表音）＋ㅅ＝ㅂ＋ㅆ	基있다（ある / いる） 基없다（ない / いない）
*鼻音化：ㅂ＋ㄴ＝ㅁ＋ㄴ	
부모님 [pu mo nim] 父母	ご両親
무슨 일 [무슨 닐 mu sɯn nil]	何の仕事
*ㄴの添加：ㄴ＋이＝ㄴ＋니	
하십니까 ? [하심니까 ha ʃim ni ˀka]	〜をなさいますか　　　　　　　【文法１】
*鼻音化：ㅂ＋ㄴ＝ㅁ＋ㄴ	「합니까 ?」の尊敬形。　　　基하다（する）
회사원 [hwe sa wɔn] 會社員	会社員
주부 [tʃu bu]	主婦
아뇨 [a njo]	いいえ
	「아니요」の省略形で「아뇨」は口語体である。
정말 [tʃɔŋ mal]	本当（に）
부럽네요 [부럼네요 pu rɔm ne jo]	うらやましいですね　　　　　　【文法４】
*鼻音化：ㅂ＋ㄴ＝ㅁ＋ㄴ	「基부럽다 うらやましい」＋「네요 〜ですね」
형제 [hjɔŋ dʒe]	兄弟

27

文法と表現

1. **用言＋으시／시**　　　　　　　お〜なさる、〜でいらっしゃる　　　　〔尊敬形・**합니다体**〕
2. **特殊な尊敬形　2-1　用言　2-2　名詞・助詞**
3. **用言＋고**　　　　　　　　　〜（し）て、〜（し）てから　　　　　〔並列・順次〕
4. **用言＋네요**　　　　　　　　　〜（です・ます）ね　　　　　　　　〔感嘆〕

1. 用言＋으시／시　お〜なさる、〜でいらっしゃる 〔尊敬形・**합니다体**〕

❖ 韓国では日本とは異なり、自分の両親を含むすべての年上の人に敬語を使う。

❖ 尊敬形は、用言の語幹末（「다」の直前）にパッチム有りの場合「으시」、パッチム無しとㄹパッチム（脱落）の場合は「시」をつける。

❖ 指定詞における尊敬形は、名詞の最後の文字にパッチム有りの場合「이시」、パッチム無しの場合は「시」をつける。

❖ 「합니다体」は「으시／시」や「이시／시」の後に「ㅂ니다」が結合してそれぞれ「**으십니다／십니다**」、「**이십니다／십니다**」の形で用いられる。

動詞・存在詞・形容詞

語幹　パッチム有＋**으시**＋**ㅂ니다** →　**으십니다**

읽다 読む　　　　　　　　　　　　　→ 읽**으십니다** . お読みになられます。

語幹　パッチム無 ＋ **시**＋**ㅂ니다** →　**십니다**
　　　パッチムㄹ (脱)

가다 行く　　　　　　　　　　　→ 가**십니다** . 行かれます。
살다 住む　　　　　　　　　　　→ 사**십니다** . お住みになられます。

指定詞

名詞　パッチム有＋**이시**＋**ㅂ니다** →　**이십니다**

댁이다 お宅だ　　　　　　　　　　→ 댁**이십니다** . お宅でいらっしゃいます。

名詞　パッチム無＋**시**＋**ㅂ니다** →　**십니다**

친구이다 友だちだ　　　　　　　　→ 친구**십니다** . お友達でいらっしゃいます。

表現 1　次の家族が何をしているか「으시 / 시」を入れて話してみましょう。

例　할아버지가 텔레비전을 보십니다.

②어머니가 콜라를 준비하다
お母さんがコーラを準備する

①아버지가 신문을 읽다
お父さんが新聞を読む

例 할아버지가
텔레비전을 보다
おじいさんが
テレビを見る

③할머니가 아이를 돌보다
おばあさんが子供の世話をする

2.　特殊な尊敬形
2-1　用言

❖　規則通りの「으시 / 시」がつかずに、日本語の「召し上がる」のように特殊な形の尊敬形を使
う用言がある。

　例　먹다 食べる　→　먹으시다 (×)　→　드시다 (○)
　　　자다 寝る　　→　자시다 (×)　　→　주무시다 (○)

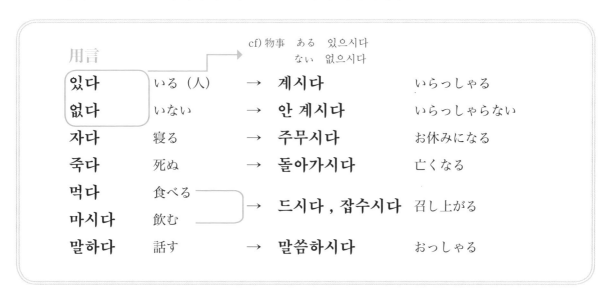

用言				
			cf) 物事　ある　있으시다	
			ない　없으시다	
있다	いる（人）	→	**계시다**	いらっしゃる
없다	いない	→	**안 계시다**	いらっしゃらない
자다	寝る	→	**주무시다**	お休みになる
죽다	死ぬ	→	**돌아가시다**	亡くなる
먹다	食べる	→	**드시다 , 잡수시다**	召し上がる
마시다	飲む			
말하다	話す	→	**말씀하시다**	おっしゃる

2-2 名詞・助詞

名詞

아버지	お父さん	→	아버님	お父様
어머니	お母さん	→	어머님	お母様
아들	息子	→	아드님	ご子息
딸	娘	→	따님	お嬢様
이름	名前	→	성함	お名前（姓銜）
나이	歳	→	연세	お歳（年歳）
생일	誕生日	→	생신	お誕生日（生辰）
사람	人	→	분	方
집	家	→	댁	お宅
말	話	→	말씀	お話
밥	ご飯	→	진지	お食事

부모님 ご両親（父母）

助詞

에게 , 한테	～に	→	께		이 / 가	～が	→	께서
은 / 는	～は	→	께서는		도	～も	→	께서도

CD-12

表現2　次の人々が何をしているか「特殊な尊敬形」を使って話してみましょう。

例　할머님께서 댁에 계십니다.

③아버지가 커피를 마시다
お父さんがコーヒーを飲む

②어머니가 말하다
お母さんが話す

①선생님이 과일을 먹다
先生が果物を食べる

例할머니가 집에 있다
おばあさんが家にいる

30

3. 用言＋고　　　～（し）て、～（し）てから　〔並列・順次〕

❖ 二つ以上の行動や状態を並列的に羅列する、時間に沿って順次に表す時に使う。

❖ 用言の後にそのままつく。

❖ 「으시 / 시」（尊敬形）、「았 / 었」（過去形）、「겠」（意志、予測、婉曲）の後にもつく。

用言語幹 ＋ 고

싸다 安い　**이 식당은 싸고 맛있어요.** この食堂は安くておいしいです。〔並列〕

멀다 遠い　**길이 멀고 험해요.** 道は遠くて険しいです。 〔並列〕

닦다 磨く　**이를 닦고 세수를 해요.** 歯を磨いてから顔を洗います。 〔順次〕

表現 3 家族の性格について「고」を入れて話してみましょう。

CD-13

A: 누나 성격이 어떻습니까?　　　　B: 얼굴도 예쁘고 착해요.

例　A : 누나　　　B : 얼굴도 예쁘다 , 착하다

① A : 형　　　　B : 말이 없다 , 성실하다

② A : 남동생　　B : 유모어가 있다 , 친절하다

③ A : 여동생　　B : 명랑하다 , 노력하다

누나	姉	명랑하다	朗らかだ
어떻다	どうだ	성격	性格
예쁘다	きれいだ	얼굴	顔
형	兄	착하다	やさしい
말이 없다	口数が少ない	성실하다	真面目だ
남동생	弟	친절하다	親切だ
유모어	ユーモア	노력하다	努力する

4. 用言 + 네요   ～ （です・ます）ね   〔感嘆・発見〕

❖ 話し手が直接経験して新しく感じたことや分かったことに対し、感嘆して話す時に用いられる表現。
❖ 用言の語幹にそのままつくが、ㄹパッチムは脱落する。
❖ 指定詞では、名詞の最後の文字がパッチム有りの場合「이네요」、パッチム無しの場合「네요」となる。
❖ 「으시 / 시」（尊敬形）、「았 / 었」（過去形）、「겠」（意志、予測、婉曲）の後にもつく。

動詞・存在詞・形容詞語幹 ＋ **네요**
　　　　　　パッチムㄹ(脱)

부럽다 うらやましい　　**정말 부럽**네요.　本当にうらやましいですね。

힘들다 大変だ　　　　**일이 힘드**네요.　仕事が大変ですね。

指定詞　名詞　パッチム有 ＋ **이네요**

미인이다 美人だ　　**정말 미인**이네요.　本当に美人ですね。

指定詞　名詞　パッチム無 ＋ **네요**

휴가이다 休暇だ　　**내일부터 휴가**네요.　明日から休暇ですね

CD-14

表現 4　次の家族写真を見て文の語尾を「네요」で話してみましょう。

어머니가 미인이시네요 !

例　어머니가 미인이시다

① 아버지가 안경을 쓰시다

② 남동생의 키가 크다

③ 가족이 행복해 보이다

안경을 쓰다　メガネをかける
의　　　　　～の
키가 크다　　背が高い
행복해 보이다　幸せにみえる

1. 次の基本形を尊敬形に変えてみましょう。

用言文・基本形 *基本形の「다」の直前を見る	現・합니다体 으십니다 / 십니다 パッチム有 / 無、ㄹ（脱）	用言文・基本形	現・합니다体 으십니다 / 십니다 パッチム有 / 無、ㄹ（脱）
닫다　　閉める	닫으십니다	가다　　行く	가십니다
읽다　　読む		만나다　　会う	
찾다　　探す		타다　　乗る	
앉다　　座る		사다　　買う	
믿다　　信じる		공부하다　勉強する	
받다　　受け取る		전화하다　電話する	
입다　　着る		배우다　　学ぶ	
벗다　　脱ぐ		보내다　　送る	
있다　　ある		지내다　　過ごす	
없다　　ない		보다　　見る	
젊다　　若い		오다　　来る	
늙다　　老いる		가르치다　教える	
웃다　　笑う		쉬다　　休む	
울다　　泣く		기다리다　待つ	
살다　　住む		만들다　　作る	
알다　　知る		열다　　開く	
名詞文	이십니다 / 십니다 パッチム有 / 無	名詞文	이십니다 / 십니다 パッチム有 / 無
부모님　両親		아버지　お父さん	
선생님　先生		어머니　お母さん	

2. 次の特殊な形の用言を尊敬形に変えてみましょう。

※人称には助詞も敬語に直すこと。例　아버님의 → 아버님께서

特殊な尊敬形		現・尊敬・합니다体
		ㅂ니다
회사에 계시다	会社にいらっしゃる	회사에 계십니다 .
댁에 안 계시다	お宅にいらっしゃらない	
시간이 있으시다	時間がおありになる	
약속이 없으시다	約束がおありでない	
아버님의 주무시다	お父様がおやすみになる	
약을 드시다	薬をお飲みになる	
진지를 잡수시다	お食事を召し上がる	
선생님의 말씀하시다	先生がおっしゃる	

3. 例のように「고」と「습니다 / ㅂ니다」を入れて文を作ってみましょう。

쇼핑도 하다 / 영화도 봤다 → 쇼핑도 하고 영화도 봤습니다
ショッピングもする / 映画も見た　　ショッピングもして映画も見ました。

(1) 오빠는 키가 크다 兄は背が高い / 언니는 키가 작다 姉は背が低い

→ ....

(2) 저는 일찍 자다 私は早く寝る / 일찍 일어나다 早く起きる

→ ....

(3) 밥을 먹다 ご飯を食べる / 숙제를 했다 宿題をした

→ ....

4. 例のように「네요」を入れて文を作ってみましょう。

정말 부럽다 本当にうらやましい → 정말 부럽네요. 本当にうらやましいですね

(1) 테니스를 아주 잘 치시다 テニスがとてもお上手でいらっしゃる

→ ....

(2) 여동생이 정말 예쁘다 妹が本当にきれいだ

→ ....

(3) 내일이 결혼 기념일이다 明日は結婚記念日だ

→ ....

5. 次の家族を紹介する文を読んで質問に答えてください。

　우리 가족은 모두 다섯 명입니다. 아버지, 어머니가 계시고, 오빠, 남동생이 있습니다. 아버지는 회사원이시고, 축구를 좋아하십니다. 어머니는 주부시고, 연극을 좋아하십니다. 오빠는 대학원에서 건축을 전공하고, 외국어를 잘 합니다. 남동생은 대학에서 공학을 공부하고, 컴퓨터 게임을 좋아합니다.

우리	私達、我々	다섯 명	5名
모두	皆、すべて	대학원	大学院
축구	サッカー	전공	専攻
건축	建築	공학	工学
외국어	外国語	게임	ゲーム
컴퓨터	コンピューター		

(1) 가족이 어떻게 되십니까?

....

(2) 가족은 무슨 일을 하고 있습니까?

① 아버지 :　　　　　　　　　② 어머니 :

....

③ 오빠 :　　　　　　　　　④ 남동생 :

(3) 가족의 취미 (趣味) 는 무엇입니까?

① 아버지 :　　　　　　　　　② 어머니 :

....

③ 오빠 :　　　　　　　　　④ 남동생 :

1. 会話文を日本語に訳してみましょう。

히로　민수 씨 , 가족이 어떻게 되십니까 ?

....

민수　네 명입니다 . 아버지 , 어머니가 계시고 , 여동생이 한 명 있습니다 .

....

히로　부모님은 무슨 일을 하십니까 ?

....

민수　아버지는 회사원 , 어머니는 주부십니다 .

....

히로　여동생은 대학생입니까 ?

....

민수　아뇨 , 졸업하고 회사에 다니고 있습니다 .

....

히로　정말 부럽네요 ! 저는 형제가 없습니다 .

....

2. 私の家族を韓国語で紹介してください。

人数　우리 가족은

構成

....

仕事

....

....

....

씨 氏				
가족 家族				
이 / 가 어떻게 되십니까? 〜がどのようになりますか				
네 명 4名				
아버지 お父さん				
어머니 お母さん				
계시다 いらっしゃる				
여동생 妹				
한 명 1名				
부모님 ご両親				
무슨 일 何の仕事				
하십니까? 〜なさいますか				
주부 主婦				
회사원 会社員				
정말 本当（に）				
졸업 / 입학 卒業 / 入学				
부럽네요 うらやましいですね				
형제 兄弟				
없습니다 いません / ありません				

2 家族（가족）

CD-15

가족이 어떻게 되십니까？ / 가족이 어떻게 돼요？

| 할아버지 祖父 | 할머니 祖母 | | 외할아버지 外祖父 | 외할머니 外祖母 |

아버지 父　　어머니 母

오빠 兄　　언니 姉　　나 私　　남동생 弟　　여동생 妹

姉から見て

弟から見て

형 兄　　누나 姉

CD-16

어머니는 무서웠지만 호랑이의 말을 믿고, 떡 하나를 오랑이에게 주었습니다.
그렇게 떡 한 개, 두 개, 세 개….

호랑이에게 계속 떡을 주었지만, 호랑이는 만족하지 않았습니다. 어머니는 "아이들이 기다리고 있어요, 제발 살려 주세요!" 라고 애원했습니다. 그러나 결국 호랑이는 어머니를 잡아먹었고, 오누이마저 잡아먹고 싶었습니다.

김 민수 씨 댁이지요 ?

은지 여보세요 ? 김 민수 씨 댁이지요 ?

민수 네 , 그렇습니다 . 실례지만 누구세요 ?

은지 강 은지라고 하는데요 . 김 민수 씨 계세요 ?

민수 아 , 은지 씨 !? 안녕하세요 ?

은지 저 ... 이번 주 목요일에 바빠요 ?

민수 아뇨 , 괜찮은데요 .

은지 그럼 , 그 날 수업 끝나고 한식집에 가요 .

민수 좋죠 . 그런데 , 무슨 일 있어요 ?

発音・語彙

連音化 **목요일에**　　　**한식집에**
[모교이레 mo gjo i re]　　　[지베 dʒi be]

여보세요 ? [jɔ bo se jo]　　　もしもし

댁이지요 ? [대기지요 tɛ gi dʒi jo]　　　お宅でしょうか（確認）　　　【文法1】
*連音化：ㄱ＋ㅇ＝↗ㄱ　　　会話では省略された形の「죠」がよく使われる。

그렇습니다 [그런씀니다 kɯ rɔt ˀsɯm ni da]　　　そうです
*濃音化1：ㄷ（ㅎの代表音）＋ㅅ＝ㄷ＋ㅆ
*鼻音化：ㅂ＋ㄴ＝ㅁ＋ㄴ　　　　　　　　　　　㊣그렇다（そうだ）

실례지만 [ʃil le dʒi man]　　　失礼ですが
　　　　　　　　　　　「실례 失礼」＋逆接を表す「지만 ～が」

누구세요 ? [nu gu se jo]　　　どなたですか　　　【文法2】
　　　　　　　　　　「누구 誰」＋敬語を表す「으세요 / 세요」

라고 하는데요 [ra go ha nɯn de jo]　　　～といいますが　　　【文法3】
　　　　　　　　　「라고 하다 ～という」＋「는데요 ～ますが」

계세요 ? [kje se jo]　　　いらっしゃいますか
　　　　　「계십니까 ?」のうちとけた表現。

이번 주 [이번쭈 i bɔn ˀtʃu]　　　今週
*濃音化2：ㄴ＋ㅈ＝ㄴ＋ㅉ

목요일 [모교일 mo gjo il]　　　木曜日
*連音化：ㄱ＋ㅇ＝↗ㄱ

바빠요 ? [pa ˀpa jo]　　　いそがしいですか　　　【文法4】
　　　　「바쁩니까 ?」のうちとけた表現。
　　　　　　　　　　㊣바쁘다（いそがしい）　으変則

괜찮은데요 [괜차는데요 kwɛn tʃʰa nɯn de jo]　　　大丈夫ですが、良いですが　　　【文法3】
*連音化：ㅎ＋ㅇ＝ㅎ＋↗ㄴ　　　「㊣괜찮다 大丈夫だ」＋「은데요 ～ですが」

그럼 [kɯ rɔm]　　　では

그 날 [kɯ nal]　　　その日

한식집 [한식찝 han ʃik ˀtʃip]　　　韓国料理屋
*濃音化1：ㄱ＋ㅅ＝ㄱ＋ㅆ

좋죠 [조쵸 tʃo tʃʰ jo]　　　良いでしょう　　　【文法1】
*激音化：ㅎ＋ㅈ＝ㅎ＋ㅊ　　　「㊣좋다 よい」＋「지요 ～でしょう」

그런데　　　ところで、ところが

文法と表現

1. 用言＋으세요 / 세요
   1-1　お～になります、～でいらっしゃいます 〔尊敬形・해요体〕
   1-2　お～ください、～してください 〔丁寧な命令〕
2. 用言＋지요（죠） 　　　　～でしょう・ましょう 〔勧誘・意志・確認・疑問〕
3. 用言＋는 / 은 / ㄴ데요 　　～ですが・ますが 〔婉曲〕
4. 으変則 〔変則〕

1. 用言＋으세요 / 세요
1-1　お～になります、～でいらっしゃいます 〔尊敬形・해요体〕

❖ 用言の語幹に尊敬を表す「으시 / 시」＋「아요 / 어요」がついた形である。

❖ 規則通りであれば、「으셔요 / 셔요」となるはずだが、現代語では「으세요 / 세요」を使う。

❖ 語幹末（「다」の直前）がパッチム有りの場合「으세요」、パッチム無しとㄹパッチム（脱落）の場合は「세요」がつく。

❖ 名詞文の尊敬形は、名詞の最後の文字にパッチムが有りか無しかによって「이세요 / 세요」がつき、「～でいらっしゃいます」の意を表す。

❖ **特殊な尊敬形の活用に要注意 !!!**

계시다（いらっしゃる）　　　　　→　계세요　주무시다（お休みになる）→　주무세요
드시다、잡수시다（召し上がる）→　드세요、잡수세요

動詞・存在詞・形容詞語幹　パッチム有 ＋ 으세요

앉다 座る 　　　　　　　　　앉으세요. 　　　　お座りになります。

動詞・存在詞・形容詞語幹　パッチム無 ＋ 세요
パッチムㄹ(脱)

예쁘다 きれいだ 　　　　　　예쁘세요. 　　おきれいです。

알다 知る 　　　　　　　　　아세요. 　　　　ご存知です。

指定詞　名詞パッチム有　　＋ 이세요

부모님이다 ご両親だ 　　　　부모님이세요. 　ご両親でいらっしゃいます。

指定詞　名詞パッチム無　　＋ 세요

아버지이다 お父さんだ 　　　　아버지세요. 　　　お父さんでいらっしゃいます。

1-2 お〜ください、〜（し）てください

❖ 用言＋으세요 / 세요の形は、「아 / 어 주세요」と共に「〜てください」のような丁寧な命令の意味にも使う。

❖ 動詞の語幹につき、活用の仕方は해요体の尊敬形と同様である。

❖ 합니다体の丁寧な命令形は、「으십시오 / 십시오」になる。

動詞語幹　パッチム有 + 으세요 / 으십시오

받다 受ける　　　**전화 받**으세요 . / **받**으십시오 . 電話に出てください。

動詞語幹　パッチム無 + 세요 / 십시오

　　　　　　パッチムㄹ **(脱)**

오다 来る　　　**빨리 오**세요 . / **오**십시오 . 早く来てください。

열다 開く　　　**창문을 여**세요 . / **여**십시오 . 窓を開けてください。

表現 1　尊敬形を使って話してみましょう。

CD-18

A: **김 과장님 계십니까 ?**　　　　　　　B: **잠깐만 기다리세요 .**

김 과장님	金課長
박 사장님	朴社長
어디	どこ
잠깐만	少々、少し
코트	コート

例　A : 김 과장님 있다　　　B : 잠깐만 기다리다
① 　A : 이 선생님 뭐 하다　　B : 코트를 입다
② 　A : 박 사장님 어디 살다　　B : 일본에 살다
③ 　A : 그 분은 누구이다　　　B : 우리 어머니이다

2. 用言＋지요 (죠)　～でしょう・ましょう　〔勧誘・意志・確認・疑問〕

❖ 平叙文「지요」は、親しみを込めた言い方で、婉曲的な命令や勧誘、あるいは自分の判断や意志
　などを示す場合に使う。

❖ 疑問文「지요?」は、すでに知っている事実について相手に確認や同意を求める、または疑問詞
　と共に使われ、柔らかく質問する時などにも用いられる。

❖ 会話では省略された形の「죠」がよく使われる。

❖ 動詞・存在詞・形容詞の語幹にはそのままつく。

❖「으시 / 시」(尊敬形)、「았 / 었」(過去形)、「겠」(意志、予測、婉曲) などの後にもつく。

❖ 指定詞では名詞の最後の文字にパッチム有りの場合「이지요」、パッチム無しの場合は「지요」がつく。

動詞・存在詞・形容詞語幹　＋ 지요		
연락하다 連絡する	제가 다시 연락하지요. 私がまた連絡します。	〔意志〕
있다 いる	별장에서 같이 있지요. 別荘で一緒にいましょう。	〔勧誘〕
재미있다 面白い	그 영화 재미있었지요? その映画面白かったでしょう。	〔確認〕
指定詞　名詞　パッチム有 ＋ 이지요		
댁이다 お宅だ	김 민수 씨 댁이지요? 金珉秀さんのお宅ですよね。	〔確認〕
指定詞　名詞　パッチム無 ＋ 지요		
몇 시이다 何時だ	지금 몇 시지요? 今何時でしょうか。	〔疑問〕

CD-19

表現2　A には「지요?」、B には「네요」を使って話してみましょう。

A: 이번 겨울은 춥지요?

B: 네, 아주 춥네요

44

例　A : 이번 겨울은 춥다　　　B : 네 , 아주 춥다

① A : 한국어는 어렵다　　　B : 네 , 어렵다

② A : 이 가방 비싸다　　　B : 네 , 비싸다

③ A : 벌써 열 시이다　　　B : 네 , 그렇다

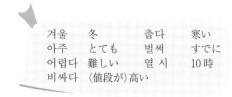

겨울	冬	춥다	寒い
아주	とても	벌써	すでに
어렵다	難しい	열 시	10時
비싸다	(値段が)高い		

3. 用言＋는 / 은 / ㄴ데요　　　〜ですが、ますが　　　〔婉曲〕

❖ 「〜ですが、ますが」のように婉曲的な表現をする時に用いられる。

❖ 動詞・存在詞の語幹にはそのまま「는데요」がつくが、パッチムㄹは脱落する。また、過去形「았 / 었」、未来意志の「겠」につく場合も同様である。

❖ 形容詞につく場合、最後の文字がパッチム有りの場合「은데요」、パッチム無しとパッチムㄹの場合は「ㄴ데요」となる。

❖ 指定詞につく場合は「인데요」となる。

動詞・存在詞語幹　　　＋ 는데요
　　パッチムㄹ (脱)

없다 ない　　　　**시간이 없**는데요 .　　　時間がないのですが。

살다 住む　　　　**서울에 사**는데요 .　　　ソウルに住んでいますが。

形容詞語幹　パッチム有 ＋ 은데요

좋다 よい　　　　**기분이 좋**은데요 .　　　気持ちがいいですが。

形容詞語幹　パッチム無 ＋ ㄴ데요
　　　　　　　パッチムㄹ (脱)

아프다 痛い　　　**머리가 아픈**데요 .　　　頭が痛いんですけど。

달다 甘い　　　　**커피가 단**데요 .　　　コーヒーが甘いですが。

指定詞　名詞　　　　　＋ 인데요

가방이다 カバンだ　　**친구 가방**인데요 .　　私の友達のカバンなんですけど。

表現3 「는 / 은 / ㄴ데요」を使って質問に答えてみましょう。

A: 오늘 시간 있어요?　　　　B: 약속이 있는데요.

例　A：오늘 시간 있다　　B：약속이 있다
① 　A：그 옷 마음에 들다　　B：네 , 마음에 들다
② 　A：내일 숙제 했다　　B：네 , 벌써 했다
③ 　A：지금 어디이다　　B：학교이다

옷　　　　　服
마음에 들다　気に入る

4. 으変則

〔変則〕

❖ 変則はパッチムの有無によって語尾が決まる用言とは異なり、不規則に活用することである。

❖ 「바쁘다 (忙しい)」「예쁘다 (きれいだ)」のように語幹末 (다の直前) の母音が「ㅡ」で終わる用言は「아 / 어」で始まる語尾が続くと不規則に活用する (르変則、러変則を除く)。

❖ ただし、「ㅡ」の前に母音があるかないかによって活用が異なるので要注意 !!!

❖「ㅡ」の前に母音がある場合：陽母音ㅏ , ㅗであれば「ㅡ」が脱落して「ㅏ」
　　　　　　　　　　　　　　陰母音ㅏ , ㅗ 以外であれば「ㅡ」が「ㅓ」

ㅡの前の母音がㅏ , ㅗ　　＋ ㅡ ＋ 아 → ㅏ

바쁘다 忙しい　　　바 ＋ 쁘 ＋ 아요 → 바빠요 . 忙しいです。

ㅡの前の母音がㅏ , ㅗ以外 ＋ ㅡ ＋ 어 → ㅓ

기쁘다 嬉しい　　　기 ＋ 쁘 ＋ 어요 → 기뻐요 . 嬉しいです。

❖「ㅡ」の前に母音がない場合：「ㅡ」が脱落して「ㅓ」になる。

❖ 들르다 (立ち寄る)、따르다 (従う)、치르다 (支払う) は「르変則」ではなく으変則である。

ㅡの前に母音がない場合 + ㅡ + 어 → ㅓ			
크다 大きい	ㅋ + 어요→	커요. 大きいです。	

表現4 「ㅡ」で終わる用言を使って話してみましょう。 CD-21

A: 오빠는 키가 커요?   B: 네 , 아주 커요 .

例　A : 오빠는 키가 크다　　B : 아주 크다

①　A : 어디 아프다　　　　B : 배가 아프다

②　A : 강아지 예쁘다　　　B : 너무 예쁘다

③　A : 지금 뭐 쓰다　　　　B : 리포트 쓰다

배가 아프다　　お腹が痛い
강아지　　　　子犬
리포트　　　　レポート

❖ 합니다体と해요体の尊敬形をまとめると次のようになる。

	尊敬形・用言文	尊敬形・名詞文
합니다体	語幹 + 으십니다 / 십니다 パッチム有 / パッチム無、ㄹ(脱)	名詞 + 이십니다 / 십니다 パッチム有 / パッチム無
해요体	語幹 + 으세요 / 세요 パッチム有 / パッチム無、ㄹ(脱)	名詞 + 이세요 / 세요 パッチム有 / パッチム無

1. 次の基本形を「用言＋으세요 / 세요」を入れて尊敬形に変えてみましょう。

用言文・基本形 ＊基本形の「다」 の直前を見る	現・해요体 으세요 / 세요 パッチム有 / 無、ㄹ（脱）	用言文・基本形 ＊基本形の「다」 の直前を見る	現・해요体 으세요 / 세요 パッチム有 / 無、ㄹ（脱）
닫다　　閉める	닫으세요	가다　　　行く	가세요
읽다　　読む		만나다　　会う	
찾다　　探す		타다　　　乗る	
앉다　　座る		사다　　　買う	
믿다　　信じる		공부하다　勉強する	
받다　　受け取る		전화하다　電話する	
입다　　着る		배우다　　学ぶ	
벗다　　脱ぐ		보내다　　送る	
있다　　ある・いる		지내다　　過ごす	
없다　　ない・いない		보다　　　見る	
젊다　　若い		오다　　　来る	
늙다　　老いる		가르치다　教える	
웃다　　笑う		쉬다　　　休む	
울다　　泣く		기다리다　待つ	
살다　　住む		만들다　　作る	
알다　　知る		열다　　　開く	
名詞文	이세요 / 세요 パッチム有 / 無	名詞文	이세요 / 세요 パッチム有 / 無
부모님　ご両親		아버지　　お父さん	
선생님　先生		어머니　　お母さん	

2. 次の ㅡ 変則用言に各語尾を接続してみましょう。

ㅡ変則用言 *基本形の「다」 の直前の母音を見る	습니다 / ㅂ니다 パッチム有 / 無、ㄹ（脱） 〜です・ます	아요 / 어요 ㅏ , ㅗ / ㅏ , ㅗ以外 하다 →해（変則） 〜です・ます	았어요 / 었어요 ㅏ , ㅗ / ㅏ , ㅗ以外 하다 →했（変則） 〜でした・ました
예쁘다　きれいだ	예쁩니다	예뻐요	예뻤어요
바쁘다　忙しい			
나쁘다　悪い			
아프다　痛い			
기쁘다　うれしい			
슬프다　悲しい			
담그다　漬ける			
잠그다　（鍵を）かける			
힘쓰다　力を尽くす			
모으다　集める			
배고프다 （お腹）すいた			
크다　　大きい			
쓰다　書く、使う、苦い、か 　　　ぶる、かける、さす			
끄다　　切る、消す			
뜨다　　（目を）開く			
들르다　立ち寄る			
따르다　従う			
치르다　支払う			

3. 例のように「지요」と「ー」で終わる用言を入れて文を作ってみましょう。

요즘 바쁘시다 / 네 , 바쁘다　→　요즘 바쁘시죠 ?　　네 , 바빠요 .
最近忙しい　　　　　忙しい　　　　最近お忙しいでしょう。　はい、忙しいです

(1) 지금 뭘 쓰시다 今何を書かれる / 편지를 쓰다 手紙を書く

→
....

(2) 마이클 씨, 배고프다 マイケルさん、お腹すいた / 배가 고프다 お腹がすいた

→

(3) 저 지갑 예쁘다 あの財布きれいだ / 정말 예쁘다 本当にきれいだ

→

4. 例のように「으세요 / 세요」と「는 / 은 / ㄴ데요」を入れて文を作ってみましょう。

아이스크림을 좋아하다 / 좋아하다 → 아이스크림을 좋아하세요？ 좋아하는데요.
アイスクリームが好きだ　好きだ　アイスクリームはお好きですか。好きですが。

(1) 오늘 시간 있다 今日時間ある / 오늘은 좀 바쁘다 今日は少し忙しい

→

(2) 어디에 가다 どこに行く / 콘서트에 가다 コンサートへ行く

→

(3) 실례지만 누구이다 失礼ですが誰だ / 김 민수라고 하다 金珉秀という

→

5. 次の文を韓国語に訳しましょう。

(1) 明日は家でぐっすり休みたいのですが。

→

(2) 今外出中でいらっしゃいませんが。どなたですか。

→

(3) お疲れでいらっしゃったらここにお座りください。

→

푹 ぐっすり、ゆっくり　외출 중 外出中
피곤하다 疲れる

1. 会話文を日本語に訳してみましょう。

은지　여보세요 ? 김 민수 씨 댁이지요 ?

민수　네 , 그렇습니다 . 실례지만 누구세요 ?

은지　강 은지라고 하는데요 . 김 민수 씨 계세요 ?

민수　아 , 은지 씨 !? 안녕하세요 ?

은지　저 ... 이번 주 목요일에 바빠요 ?

민수　아뇨 , 괜찮은데요 .

은지　그럼 , 그 날 수업 끝나고 한식집에 가요 .

민수　좋죠 . 그런데 , 무슨 일 있어요 ?

2. 次の電話内容を読んで、訳してみましょう。

1

A: 여보세요 ? (A) 라고 하는데요 . 김 선생님 좀 바꿔 주세요 .

B: 지금 안 계시는데요 .

A: 언제 들어오세요 ?

B: 저녁에 들어오세요 .

A: 네 , 나중에 다시 걸겠습니다 .

2

A: 여보세요 ? (A) 라고 하는데요 . (C) 씨 계세요 ?

B: 네 , 잠깐만 기다리세요 .

C: 전화 바꿨습니다 .

A: 안녕하세요 ? (A) 예요 .

C: (A) 씨 , 낮에도 전화 걸었지요 ?

여보세요? もしもし				
댁이지요? お宅でしょうか				
그렇습니다 そうです				
실례지만 失礼ですが				
누구세요? どなたですか				
라고 하는데요 ～といいますが				
계세요? いらっしゃいますか				
이번 주 今週				
목요일 木曜日				
바빠요? 忙しいですか				
괜찮은데요 大丈夫ですが				
그 날 その日				
한식집 韓国料理屋				
좋죠 いいでしょう				
그런데 ところで、ところが				

3 電話 (전화)

CD-22

전화를 걸다 / 받다
電話をかける / に出る

전화를 바꾸다
電話を代わる

전화를 잘못 걸다
電話をかけ間違える

통화 중이다
話し中だ

전화를 끊다
電話を切る

문자를 보내다 / 받다
メールを送る / 受ける

○○ 씨 좀 바꿔 주세요
○○さんに代わってください

잠깐만 기다리세요
少々お待ちください

전화 바꿨습니다
お電話代わりました

지금 안 계시는데요
今いらっしゃいませんが

메시지 좀 전해 주세요
伝言を伝えてください

나중에 다시 걸겠습니다
後でかけ直します

53

야채가 많아서 몸에도 좋아요 .

CD-23

은지 이 집은 비빔밥이 제일 유명해요 .

리자 그런데 , 비빔밥은 맵지 않아요 ?

민수 안 매워요 . 야채가 많아서 몸에도 좋아요 .

히로 그럼 저도 비빔밥 먹을래요 .

은지 전 삼계탕을 먹을래요 .

민수 여기 비빔밥 셋 , 삼계탕 하나 주세요 .

은지 아 참 ! 선배님 리자 씨를 소개해요 .

히로 아 참 ! 저도 깜빡했어요 .

発音・語彙

連音化	집은	몸에도	濃音化2	비빔**밥이**	비빔**밥은**
	[지븐 tʃi bɯn]	[모베 mo me]	連音化	[ㅃ비 ˀpa bi]	[ㅃ븐 ˀpa bɯn]

이 [i]	この
집 [tʃip]	(直：家)、ここでは「店」と訳す
비빔밥 [비빔빱 pi bim ˀpap]	ビビンバ
*濃音化2：ㅁ＋ㅂ＝ㅁ＋ㅃ	
제일 [tʃe il]	第一、一番
유명해요 [ju mjəŋ(h)ɛ jo]	有名です
	基 유명하다（有名だ）
맵지 않아요？[맵찌 아나요 mɛpˀtʃi a na jo]	辛くないですか　　　　　　　　　【文法2】
*濃音化1：ㅂ＋ㅈ＝ㅂ＋ㅉ	「基맵다 辛い」＋「지않다～でない」＋「아요/어요～です」
*連音化：ㄶ＋ㅇ＝ㅎ↗ㄴ	ㅂ変則
안 매워요 [an mɛ wə jo]	辛くないです　　　　　　【文法1】【文法2】
	「안 ～ない」＋「基맵다 辛い」＋「아요/어요 ～です」
야채 [ja tʃʰɛ]	野菜
많아서 [마나서 ma na sə]	多いので　　　　　　　　　　　【文法3】
*連音化：ㄶ＋ㅇ＝ㅎ↗ㄴ	「基많다 多い」＋「아서/어서～ので」
몸 [mom]	からだ
에도 [e do]	～にも
먹을래요 [머글래요 mə gɯl lɛ jo]	食べます　　　　　　　　　　　【文法4】
*連音化：ㄱ＋ㅇ＝↗ㄱ	「基먹다 食べる」＋「을/ㄹ래요 ～（し）ます」
셋 [set]	三つ
삼계탕 [sam ge taŋ]	サムゲタン
하나 [ha na]	一つ
아 참 [a tʃʰam]	あ、そうだ　　　　　　　　　　【文法1】
선배님 [sən be nim]	先輩
	「님」は「様」という意味の敬意を表す尊称
도 [do]	～も
깜빡했어요 [깜빠캐써요 ˀkam ˀpa kʰɛ ˀsə jo]	うっかりしました
*激音化：ㄱ＋ㅎ＝↗ㅋ	「基깜빡하다 うっかりする」＋「했어요 ～しました」
*連音化：ㅆ＋ㅇ＝↗ㅆ	

濃音化のまとめ

濃音化 1	パッチム「k, t, p」＋「ㄱ, ㄷ, ㅂ, ㅅ, ㅈ」＝「ㄲ, ㄸ, ㅃ, ㅆ, ㅉ」
濃音化 2	パッチム「ㄴ, ㄹ, ㅁ, ㅇ」＋「ㄱ, ㄷ, ㅂ, ㅅ, ㅈ」＝「ㄲ, ㄸ, ㅃ, ㅆ, ㅉ」
濃音化 3	語尾「을/ㄹ」＋「ㄱ, ㄷ, ㅂ, ㅅ, ㅈ」＝「ㄲ, ㄸ, ㅃ, ㅆ, ㅉ」
濃音化 4	外来語「g, d, b, j」のハングル表記「ㄱ, ㄷ, ㅂ, ㅈ」ㄹ「ㄲ, ㄸ, ㅃ, ㅉ」
	게임 ゲーム → [게임 ˀke im]（p.39）

文法と表現

1.	안＋動詞・形容詞	～ない、～くない	〔用言の否定形〕
2.	ㅂ変則		〔変則〕
3.	用言＋아서 / 어서	～ので、～（し）て	〔原因・動作の先行〕
4.	動詞＋을래요 / ㄹ래요	～（し）ます	〔意志〕

1. 안＋動詞・形容詞　　～ない、～くない　〔用言の否定〕

❖「안」は、動詞と形容詞の前についてその用言の動作や状態を否定する。

❖「지 않다（～ない）」と同じ意味である（『おはよう韓国語 1』p.84 を参照）。

❖ ただし、「공부하다（勉強する）」、「전화하다（電話する）」のように「하다」で動詞となる
場合は「안」を「하다」の直前に入れて「名詞＋안＋하다」になるので要注意 !!!

例　안 공부하다（✕）공부 안 하다（○）

안 ＋ 動詞・形容詞

먹다 食べる　　　　　　안 ＋ 먹다　　　　→ 안 먹습니다. 食べません。

動詞・形容詞語幹　　＋ 지 않다

먹다 食べる　　　　　　먹 ＋ 지 않다　　　→ 먹지 않습니다. 食べません。

하다 用言　　　名詞 ＋ 안 ＋ 하다

전화하다 電話する　전화 ＋ 안 ＋ 하다　→ 전화 안 해요. 電話しません。

表現 1　　A には「지 않다」、B には「안」を入れて話してみましょう。

A: 오늘은 바쁘지 않아요 ?　　　　B: 오늘은 안 바빠요 .

例　ＡＢ：오늘은 바쁘다

①　ＡＢ：다음 주에 만나다　　②　ＡＢ：커피가 달다　　③　ＡＢ：매일 운동하다

2.　ㅂ変則 〔変則〕

❖ ㅂ変則は、ㅂパッチムで終わる動詞と形容詞の後ろに「으」と「아 / 어」で始まる語尾が続くと不規則に活用することを言う。

❖ その場合、ㅂパッチムが脱落し「ㅂパッチム + 으→우」、「ㅂパッチム + 아 / 어→워」のように活用する。

❖ しかし、뽑다（抜く）、입다（着る）、좁다（狭い）、잡다（つかむ）、집다（つまむ）、씹다（嚙む）などは規則的に活用する。

❖ なお、곱다（美しい）と 돕다（助ける）は、「아 / 어」の後ろで「워」ではなく、「와（ㅂ + 아→와）」になるので要注意 !!!

으で始まる語尾	ㅂ	+	으	→	우
맵다 辛い	맵	+	으면	→	매우면 辛ければ
아름답다 美しい	아름답	+	으면	→	아름다우면 美しければ

아 / 어で始まる語尾	ㅂ	+	아 / 어 →	워

↓　「다」の前の母音がㅏ,ㅗでもㅏ,ㅗ以外でも 워 ↑

반갑다 うれしい	반갑	+	아요	→	반가워요. うれしいです。
쉽다 易しい	쉽	+	어요	→	쉬워요. 易しいです。

곱다　돕다	ㅂ	+	아 / 어 →	와

곱다 美しい	곱	+	아요	→	고와요. 美しいです。
돕다 助ける	돕	+	아요	→	도와요. 助けます。

表現2　「ㅂパッチム」で終わる用言を使って話してみましょう。

A：가방 무거워요? 　　　　　B：아뇨 , 가벼워요 .

例	A：가방 무겁다	B：아뇨 , 가볍다
①	A：시험 어렵다	B：아뇨 , 쉽다
②	A：집이 멀다	B：아뇨 , 가깝다
③	A：날씨가 춥다	B：아뇨 , 덥다

무겁다　重い
가볍다　軽い
가깝다　近い
덥다　　暑い

3.　用言＋아서 / 어서　　　〜ので、〜（し）て　　〔原因・動作の先行〕

❖ ある行動や状態が原因、理由、根拠などを表す「〜ので」、そして順次に行われる動作の中で先行
　動作を表す「〜（し）て」という表現がある。

❖ 語幹末（「다」の直前）の母音が**陽母音「ㅏ , ㅗ」**の場合は「**아서**」をつける。また、**陰母音**
　「ㅏ , ㅗ以外」の場合は「**어서**」をつける。

❖ 過去や未来を表す語尾「**았 / 었**」、「**겠**」と一緒には使わないので要注意 !!!

動詞・存在詞・形容詞

陽母音語幹ㅏ , ㅗ　　　＋　**아서**

　많다　　　**야채가 많아서 몸에도 좋아요 .**　　　　〔原因〕
　多い　　　野菜が多くてからだにもいいです。

陰母音語幹ㅏ , ㅗ以外　＋　**어서**

　넣다　　　**커피에 설탕을 넣어서 마셔요 .**　　　〔動作の先行〕
　入れる　　コーヒーに砂糖を入れて飲みます。

❖ 指定詞の場合、名詞の最後の文字がパッチム有りの場合「이라서 / 이어서」、パッチム無しの
   場合は「라서 / 여서」となる。
❖ 名詞の否定文「아니다」は「아니어서」となるので要注意 !!!

指定詞

名詞 パッチム有   +   **이라서 / 이어서**

극장이다   극장이라서 / 이어서 전원을 껐어요.〔原因〕
劇場だ   劇場なので電源を切りました。

名詞 パッチム無   +   **라서 / 여서**

휴가이다   휴가라서 / 여서 여행 갔어요.   〔原因〕
休暇だ   休暇なので旅行（に）行きました。

表現 3   サークルを休んだ理由について「아서 / 어서」を入れて話してみましょう。

CD-26

A: 동아리에 왜 안 왔어요?   B: 몸이 아파서 안 갔어요.

例 B: 몸이 아프다   ① B: 늦게 일어나다
② B: 감기에 걸리다   ③ B: 비가 오다

늦게   遅く
감기에 걸리다   風邪をひく

---

4. 動詞＋을래요 / ㄹ래요   ～（し）ます   〔話し手・聞き手の意志〕

❖ 親しい間柄で使う話し言葉。
❖ 平叙文では、話し手の意志を表わし、疑問文では相手の気持ちを問う表現。
❖ 動詞の語幹（「다」の直前）にパッチム有りの場合「을래요」、パッチム無しとㄹパッチム（脱落）
   の場合「ㄹ래요」がつく。

動詞語幹　パッチム有　　　＋　을래요

먹다 食べる　　저도 비빔밥을 먹을래요.　私もビビンバを食べます。

動詞語幹　パッチム無　　　　＋　ㄹ래요
　　　　　パッチムㄹ (脱)

가다 行く　　볼일이 있어서　갈래요.　用事があって行きます。

만들다 作る　이 모형 같이　만들래요?　この模型一緒に作りますか。

CD-27

表現4　旅行先に関わる話を「을 / ㄹ래요」を使って話してみましょう。

A: 휴가 때 어디로 갈래요?　　　　　B: 바다로 갈래요.

例　A : 휴가 때 어디로 가다　　B : 바다로 가다

① 　A : 바다에 뭘 타고 가다　　B : 버스를 타고 가다

② 　A : 거기서 뭐 하다　　　　B : 낚시를 하다

③ 　A : 어디에서 묵다　　　　　B : 게스트하우스에서 묵다

바다　　海　　　　버스　　　バス
거기서　　そこで　　낚시　　　釣り
묵다　　泊る
게스트하우스　ゲストハウス

60

1. 次の ㅂ 変則用言に各語尾を接続してみましょう。

ㅂ変則用言 *基本形の「다」 の直前の母音を見る	습니다 / ㅂ니다 パッチム有 / 無、ㄹ（脱） 〜です・ます	으면 / 면 パッチム有 / 無、ㄹ（脱） 〜れば、〜たら、〜と	아요 / 어요 ㅏ , ㅗ / ㅏ , ㅗ以外 〜です・ます
덥다　暑い	덥습니다	더우면	더워요
춥다　寒い			
맵다　辛い			
쉽다　易しい			
어렵다　難しい			
싱겁다　(味が) うすい			
뜨겁다　暑い、熱い			
차갑다　冷たい			
무겁다　重い			
가볍다　軽い			
즐겁다　楽しい			
반갑다　うれしい			
고맙다　ありがたい			
귀엽다　かわいい			
가깝다　近い			
무섭다　怖い			
어둡다　暗い			
아름답다　美しい			
부드럽다　柔らかい			
돕다　助ける			
곱다　美しい			

2. 例のように次の用言を否定形にしてみましょう。

밥을 먹다　→　밥을 안 먹었어요 . / 밥을 먹지 않았습니다 .
ご飯を食べる　　　　　　ご飯を食べませんでした。 / ご飯を食べませんでした。

(1) 도쿄에 살다 東京に住む

→　　　　　　　　　　　　　→
....

(2) 인터넷을 검색하다 インターネットを検索する

→　　　　　　　　　　　　　→
....

(3) 정장을 입다 正装（スーツ）をする

→　　　　　　　　　　　　　→
....

3. 例のように「아서 / 어서」と「았 / 었」を入れて文を作ってみましょう。

치과에 가다 / 충치를 치료하다　→　치과에 가서 충치를 치료했어요 .
歯科へ行く　　虫歯を治療する　　　　歯科に行って虫歯を治療しました。

(1) 책이 재미있다 本が面白い / 또 읽다 また読む

→
....

(2) 나비가 아름답다 蝶々が美しい / 사진을 찍다 写真を撮る

→
....

(3) 수업 중이다 授業中だ / 전원을 끄다 電源を切る

→
....

4. 例のように「을래요 / 래요」を入れて文を作ってみましょう。

와인을 마시다 / 전 맥주를 마시다　→　와인을 마실래요 ? 전 맥주를 마실래요 .
ワインを飲む　　私はビールを飲む　　　　ワインを飲みますか。　私はビールを飲みます。

(1) 서류에 사인하다 書類にサインする / 아뇨, 도장을 찍다 いいえ、ハンコを押す

→

....

(2) 뭘 먹다 何を食べる / 초밥하고 우동을 먹다 寿司とうどんを食べる

→

....

3) 게임을 하고 놀다 ゲームをして遊ぶ / 카드를 하고 놀다 カードをして遊ぶ

→

....

5. 次の文を韓国語に訳しましょう。

(1) ビビン冷麺が辛ければ、ビビンバを食べてください。

→

....

▶ 韓国では「食べる」の「먹다」と訳す。

(2) 風邪ひいたので薬を 飲みました。

→

....

(3) 来週引越します。時間があれば手伝ってください。

→

....

| 비빔냉면 | ビビン冷麺 |
| 이사 | 引越 |

1. 会話文を日本語に訳してみましょう。

은지 이 집은 비빔밥이 제일 유명해요 .

리자 그런데 , 비빔밥은 맵지 않아요 ?

민수 안 매워요 . 야채가 많아서 몸에도 좋아요 .

히로 그럼 저도 비빔밥 먹을래요 .

은지 전 삼계탕을 먹을래요 .

민수 여기 비빔밥 셋 , 삼계탕 하나 주세요 .

은지 아 참 ! 선배님 리자 씨를 소개해요 .

히로 아 참 ! 저도 깜빡했어요 .

2. 次の韓国料理屋での会話内容を読んでみましょう。

店員	뭐 드시겠습니까 ?	何になさいますか。
손님	메뉴 좀 보여 주세요 .	ちょっとメニューを見せてください。
	이 집은 뭐가 제일 맛있어요 ?	この店は何が一番おいしいですか。
店員	삼겹살이 제일 맛있어요 .	サムギョプサルが一番おいしいです。
손님	기름이 너무 많지 않아요 ?	油が多すぎませんか。
店員	대나무 속에 숙성시켜서 기름이 없어요 .	竹の中で熟成させるので油がないです。
손님	그럼 삼겹살 이 인분 주세요 .	では、サムギョプサル 2 人前ください。

이 この				
집 家				
비빔밥 ビビンバ				
제일 第一、一番				
유명해요 有名です				
맵지 않아요 ? 辛くないですか				
안 매워요 辛くないです				
야채 野菜				
많아서 多くて				
몸 からだ				
에도 〜にも				
먹을래요 食べます				
셋 三つ				
삼계탕 サムゲタン				
하나 一つ				
아 참 あ、そうだ				
선배님 先輩				
깜빡했어요 うっかりしました				

イラスト単語帳

4　韓国料理（한국 요리）

비빔밥
ビビンバ

떡볶이
トッポッキ

된장찌개
味噌チゲ

김밥
のり巻き

비빔냉면
ビビン冷麺

떡국
トックヮ

잡채
チャプチェ

해물파전
海鮮ネギチヂミ

삼겹살
サムギョプサル

육개장
ユッケジャン

삼계탕
参鶏湯

김치찌개
キムチチゲ

CD-29

한편 어머니를 기다리는 오누이는 평소보다 늦는 어머니의 귀가 시간에 걱정이 되었습니다.

그 때, 밖에서 어떤 목소리가 들렸습니다.

"얘들아, 엄마가 왔어요.

어서 문 열어요." "엄마…? 저희 엄마 목소리는 그런 쉰 목소리가 아니에요." 그러자 목소리의 주인은 자신이 엄마라고 주장하며, 집으로 오는 도중 감기에 걸렸다고 했습니다. 그리고 문 열기를 재촉했습니다.

문 열어~

여름 방학 때 뭐 할 거예요?

CD-30

히로 　이번 여름 방학 때 뭐 할 거예요?

은지 　한국으로 돌아갈 거예요.

히로 　정말 좋겠네요!

은지 　네, 사랑하는 가족들을 만나서 기뻐요.

히로 　그런데, 저도 한국에 어학 연수 하러 가요.

은지 　그래요? 그럼 우리 서울에서 만날래요?

히로 　와! 너무 재미있겠어요. 어디 갈 거예요?

은지 　홍대 앞에 있는 라이브 카페에 가죠.

発音・語彙

ㄴの添加　이번 여름　　連音化　한국으로　　　한국에　　　서울에서
　　　　　[번 녀 bʌn njʌ]　　　　[구ㄱ gu ɡɯ]　　[구게 gu ɡe]　　[우레 u re]

濃音化・連音化　가족들을
　　　　　　　[쯔를 ka tʃok ˀtɯ ɾuɭ]

여름 방학 [jʌ ɾɯm baŋ hak] 　　　　　　　　夏休み

할 거예요 ? [할 꺼에요 hal ˀkɔ e jo] 　　　するつもりですか　　　　　【文法 1】
*濃音化 3：語尾ㄹ＋ㄱ＝ㄹ＋ㄲ　　　　　　　　　「基하다 する」＋「을 / ㄹ거예요 ～つもりです」

으로 / 로 [ɯro / ro] 　　　　　　　　　　　～に、～へ（方向）

돌아가요 [도라가요 to ra ga jo] 　　　　　帰ります
*連音化：ㄹ＋ㅇ＝↗ㄹ　　　　　　　　　　　　　　　　　　　　　基돌아가다（帰る）

좋겠네요 [조켄네요 tʃo kʰen ne jo] 　　　いいですね　　　　　　　　　【文法 2】
*激音化：ㅎ＋ㄱ＝ㅎ＋ㅋ　　　　　　　　　「基좋다 よい」＋「겠 推測 ～はずだ」＋「네요 ～ですね」
*鼻音化：ㄷ（ㅆの代表音）＋ㄴ＝ㄴ＋ㄴ

사랑하는 [sa raŋ (h)a nɯn] 　　　　　　愛する、愛している　　　　　【文法 2】
　　　　　　　　　　　　　　　　　　　「基사랑하다 愛する」＋「는 ～する 現在連体形」

들 [tɯl] 　　　　　　　　　　　　　　　～たち、～ら（等）という複数を表わす。
※「가족들（家族達）」のように複数代名詞につくと複数の意味を　　韓国語は人間のみならず、「가구들（家具達）」のよ
　強める。　　　　　　　　　　　　　　　　　　　　　　　　うに物事にも複数「들」がつく点が日本語とは異な
　　　　　　　　　　　　　　　　　　　　　　　　　　　　　る。
　　　　　　　　　　　　　　　　　　　　　　　　　　　　　うれしいです

기뻐요 [ki ˀpɔ jo] 　　　　　　　　　　　　　　　　　　　基기쁘다（うれしい）　으変則

어학 연수 [어항 년수 ɔ haŋ njɔn su] 　　語学研修
*ㄴの添加：ㄱ＋여＝ㄱ＋녀 → [어학년수]
*鼻音化：ㄱ＋ㅇ＝ㄴ＋ㄴ　→ [어항년수]

하러 [ha rɔ] 　　　　　　　　　　　　　しに　　　　　　　　　　　　【文法 4】
　　　　　　　　　　　　　　　　　　　「基하다（する）」＋「으러 / 러 ～（し）に」

만날래요 ? [man nal lɛ jo] 　　　　　　会いますか　　　　　　　【第 4 課・文法 4】
　　　　　　　　　　　　　　　　　　　「基만나다 会う」＋「을 / ㄹ래요 ～ます」

재미있겠어요 [재미인께써요 tʃe mi it ˀke ˀso jo] 　面白そうです　　　　　　　　　【文法 2】
*濃音化 1：ㄷ（ㅆの代表音）＋ㄱ＝ㄷ＋ㄲ　　　「基재미있다 面白い」＋「겠 推測～はずだ」＋「아 / 어요
*連音化：ㅆ＋ㅇ＝↗ㅆ　　　　　　　　　　　　　　　　　　　　　　　　　　　　　　　　～です」

갈 거예요 [갈 꺼에요 kal ˀkɔ e jo] 　　行くつもりです　　　　　　　　【文法 1】
*濃音化 3：語尾ㄹ＋ㄱ＝ㄹ＋ㄲ　　　　　　　　　「基가다 行く」＋「을 / ㄹ거예요 ～つもりです」

홍대 앞 [hoŋ dɛ ap] 　　　　　　　　　「弘益大学の前」の略字

있는 [인는 in nɯn] 　　　　　　　　　ある　　　　　　　　　　　　【文法 2】
*鼻音化：ㄷ（ㅆの代表音）＋ㄴ＝ㄴ＋ㄴ　　　　「基있다 ある」＋「는 ～する 現在連体形」

라이브 카페 [ra i bɯ ka pʰe] 　　　　ライブ・カフェ

가죠 [ka dʒjo] 　　　　　　　　　　　　行きましょう　　　　　　　【第 3 課・文法 1】
　　　　　　　　　　　　　　　　　　　「基가다 行く」＋「지요 ～ましょう」

文法と表現

1. 用言＋을 / ㄹ 거예요	～（する）つもりです	〔意志・推測〕
	～と思います、～はずです	
2. 겠		〔未来意志・推測・婉曲〕
3. 動詞・存在詞 ＋는＋名詞	～する～、～している～	〔現在連体形〕
形容詞＋은 / ㄴ＋名詞	～い～、～な～	
指定詞＋인＋名詞	～（の）である～	
4. 動詞＋으러 / 러	～（し）に、～（する）ために	〔移動の目的〕

1. 用言＋을 / ㄹ 거예요 　　～（する）つもりです 〔意志・推測〕
　　　　　　　　　　　　　　～と思います、～はずです

❖ 動詞・存在詞の語幹につき話し手や聞き手の予定や意志（1人称、2人称）を表す。

❖ 用言の語幹につき推測（3人称、形容詞）の意を表す。

❖ 語幹末（「다」の直前）がパッチム有りの場合「을 거예요」、パッチム無しとㄹパッチム（脱落）の場合「ㄹ 거예요」がつく。

❖ 基本文型は「을 / ㄹ 것이다」で、합니다体は「을 / ㄹ 것입니다」、해요体は「을 / ㄹ 것이에요」である。が、会話では「을 / ㄹ 겁니다」と「을 / ㄹ 거예요」のような縮約形がよく使われる。
　 합니다体「을 / ㄹ 것이다」→「을 / ㄹ 것입니다」→「을 / ㄹ 겁니다」
　 해요体　「을 / ㄹ 것이다」→「을 / ㄹ 것이에요」→「을 / ㄹ 거예요」

用言語幹	パッチム有 ＋ 을 거예요	
있다 いる	**저는 학교에 있**을 거예요.	〔話し手の意志〕
	私は学校にいると思います。	

用言語幹	パッチム無 ＋ ㄹ 거예요 パッチムㄹ (脱)	
하다 する	**오후에는 뭐 할** 거예요.	〔聞き手の意志〕
	午後（に）は何をするつもりですか。	
멀다 遠い	**은지 씨 집은 멀** 거예요.	〔推測〕
	ウンジさんの家は遠いはずです。	

表現 1 夏休みの予定について話してみましょう。

A：여름 방학 때 뭐 할 거예요？　　B：운전 면허를 딸 거예요．

例　B：운전 면허를 따다　①　B：어학 연수를 가다

②　B：고향에 있다　③　B：자선 바자를 열다

운전 면허를 따다	運転免許を取る
고향	故郷
자선 바자	慈善バザー

2. 겠

〔未来意志・推測・婉曲〕

❖ 「～する、～するつもりだ」のように話し手や聞き手の意志や意向、「～だろう」のように推測、控え目な気持ちや慣用的な表現などを表す。
❖ 用言の語幹にそのままつく。
❖ その他、「으시 / 시」（尊敬形）、「았 / 었」（過去形）などの後にもつく。

用言語幹 ＋ 겠

意志	내일 대학에 가겠어요．	明日大学に行きます。
	무엇을 드시겠습니까？	何を召し上がりますか。
推測	내일은 비가 오겠습니다．	明日は雨が降るでしょう。
	이번 겨울은 춥겠어요．	今度の冬は寒そうです。
婉曲	네, 잘 알겠습니다．	はい、よく分かりました。
	잘 모르겠는데요．	よく分かりませんが。

71

表現 2　　次の質問に「겠」を使って答えてみましょう。

A: 복권에 당첨됐어요.

B: 정말 좋겠어요.

例　A : 복권에 당첨됐다　　B : 정말 좋다

① A : 과자를 만들었다　　B : 맛있다

② A : 친구가 아프다　　　B : 걱정되다

③ A : 시험을 보다　　　　B : 스트레스를 받다

복권에 당첨되다	宝くじに当たる
과자	お菓子
걱정되다	心配になる
시험을 보다	試験を受ける
스트레스를 받다	ストレスを受ける

3.　動詞・存在詞　는＋名詞　　～する～、～している～　〔現在連体形〕
　　形容詞 은 / ㄴ＋名詞　　　～い～、～な～
　　指定詞 인＋名詞　　　　　～（の）である～

❖ 連体形は用言がその後の名詞を修飾する場合の作り方である。

❖ 現在連体形は、現在行われている事柄、習慣、一般的な事実の場合に使われる。

❖ **動詞・存在詞の語幹にはそのまま「는」がつき、「～する～、～している～」という意味になる。**

❖ 멋있다 (格好いい) のように「名詞＋있다 / 없다 (멋＋있다 / 없다)」の形を取る用言は、意味は形容詞であるが、活用の仕方は存在詞と同じなので要注意 !!!

❖ **形容詞語幹には、パッチム有りの場合「은」、パッチム無しの場合「ㄴ」がつき、「～い～、～な～」という意味になる。**

❖ ㄹパッチムはすべて脱落する。

❖ **指定詞は語幹の「이다」に「ㄴ」をつけ「인」、「～ (の) である～」の意を表す。**

❖ 日本語は基本形と連体形の形が同じであるが、韓国語は異なることに要注意 !!!

　　日本語　基本形　笑う＋人　　　韓国語　基本形　웃다＋사람

　　　　　　連体形　笑う人　　　　　　　　連体形　웃는 사람

❖ ㅂ変則用言の連体形は、ㅂパッチム＋은 → ㅂ脱落「운」になるので要注意 !!!

動詞・存在詞語幹	+ 는 + 名詞

パッチム己(脱)

멋있다 格好いい　　　　　　**멋있는 남자** 格好いい男

↑「名詞 + 있다 / 없다」は存在詞と同じ活用をする。

팔다 売る　　　　　　　　　**꽃을 파는 소녀** 花を売る少女

形容詞語幹 パッチム有	+ 은 + 名詞

귀엽다 かわいい　　　　　　**귀여운 강아지** かわいい子犬

↑ㅂ変則 귀엽 + 은→ 귀여운

形容詞語幹 パッチム無	+ ㄴ + 名詞

パッチム己(脱)

크다 大きい　　　　　　　**키가 큰 소년** 背が高い少年

指定詞語幹	+ 인 + 名詞

학생이다 学生だ　　　　　　**학생인 여동생** 学生である妹

CD-33

表現 3　どんな人が好きか話してみましょう。

A: *어떤 사람이 좋아요?　　　　B: 재미있는 사람이 좋아요.

* 働어떻다働変則
p.127 参考

어떤　　どんな
지키다　守る

例　B : 재미있다 , 사람　　①　B : 약속을 지키다 , 사람

②　B : 마음이 넓다 , 사람　　③　B : 친절하다 , 사람

4. 動詞+으러/러　～（し）に、～（する）ために　〔移動の目的〕

❖ 「으러/러」の後に「가다（行く）、오다（来る）、다니다（通う）」などと共に使われ、動作の
　移動目的を表す。

❖ 動詞の語幹（「다」の直前）にパッチムが有りの場合「으러」、パッチム無しとㄹパッチムの場合「러」
　がつく。

動詞語幹　パッチム有　+　으러

먹다 食べる　　　　저녁을 먹으러 갑니다. 夕飯を食べに行きます。

動詞語幹　パッチム無　+　러
　　　　　パッチムㄹ

배우다 学ぶ　　　기타를 배우러 다녀요. ギターを学びに通います。
놀다 遊ぶ　　　　유원지에 놀러 가요. 遊園地に遊びに行きます。

CD-34

表現4　友だちがどこに、何をしに行くのか聞いてみましょう。

A: 리자 씨 , 어디에 가요 ?　　　B: 원피스를 사러 백화점에 가요 .

例　B : 원피스를 사다 , 아울렛

① B : 친구를 만나다 , 커피숍

② B : 옷을 찾다 , 세탁소

③ B : 저녁을 먹다 , 식당

아울렛 アウトレット　커피숍 コーヒーショップ
세탁소 クリーニング屋

1. 例のように「을 / ㄹ 거예요」を入れて文を作ってみましょう。

주말에 뭘 하다 / 골프를 치다 → 　주말에 뭘 할 거예요 ? 골프를 칠 거예요 .

週末に何をする　ゴルフをする　　週末に何をするつもりですか。ゴルフをするつもりです。

(1) 어디에 가다 どこに行く / 고향에 돌아가다 故郷に帰る

→ _____

(2) 누구를 만나다 誰に会う / 가족을 만나다 家族に会う

→ _____

(3) 뭘 먹다 何を食べる / 향토 (지방) 요리를 먹다 郷土料理を食べる

→ _____

2. 例のように「겠습니다」を入れて文を作り、その文を訳してみましょう。

처음 뵙다 はじめてお目にかかる → 처음 뵙겠습니다 . はじめまして

(1) 앞으로 열심히 노력하다 これから一生懸命努力する

→ _____

(2) 나중에 다시 걸다 後でまたかける

→ _____

(3) 도와 주시면 감사하다 手伝ってくださったらありがたい

→ _____

3. 次の用言と名詞の間に適切な現在連体形を入れてみましょう。

現在連体形	動・存＋는 形容詞＋은/ㄴ＋名詞 指定詞＋인
좋아하다 すきだ / 음식 食べ物	좋아하는 음식
가르치다 教える / 일 仕事	
읽고 있다 読んでいる / 소설 小説	
재미있다 面白い / 사건 事件	
관계없다 関係ない / 일 こと	
진실하다 真実だ / 사랑 愛	
예쁘다 きれいだ / 인형 人形	
옳다 正しい / 선택 選択	
좁다 狭い / 문 門	
아름답다 美しい / 추억 思い出	
고등학생이다 高校生だ / 사촌 いとこ	
간호사이다 看護師だ / 친구 友だち	

4. 例のように「으러 / 러」と「았습니다 / 었습니다」を入れて文を作ってみましょう。

손님을 배웅하다 / 공항에 가다 →　손님을 배웅하러 공항에 갔습니다.

お客さんを見送る　　　空港に行く　　　お客さんを見送りに空港に行きました。

▶ カヤグム：12本の弦を張った撥弦楽器

(1) 가야금을 배우다 伽耶琴を学ぶ / 문화센터에 다니다 文化センターに通う

→ ....

(2) 증명 사진을 찍다 証明写真を撮る / 사진관에 가다 写真館に行く

→ ....

(3) 꽃을 팔다 花を売る / 성인식장 앞에 가다 成人式場の前に行く

→ ....

5. 次の文を韓国語に訳しましょう。

| 뉴욕 | ニューヨーク |
| 선물 | お土産、プレゼント |

(1) この映画はとても悲しい映画でした。

→
....

(2) 誕生日のプレゼントでかわいい子犬をいただきました。

→
....

(3) ニューヨークに語学研修をしに行きます。

→
....

6. 次の将来の計画を読んで質問に韓国語で答えてみましょう。

저는 대학교 2 학년입니다. 제 전공은 한국어입니다. 저는 한국 문화에 관심이 많습니다. 그래서 이번 여름 방학에는 서울로 어학 연수를 갈 겁니다. 대학을 졸업하면 한국어를 공부하러 한국에 가고 싶습니다. 그리고 동시통역 대학원에서 공부할 겁니다. 유학이 끝나면 일본에 돌아와서 통역 전문가가 되고 싶습니다. 앞으로도 열심히 노력하는 사람이 되겠습니다.

| 2 학년 | 2 年生 | 동시통역 | 同時通訳 |
| 유학 | 留学 | 전문가 | 専門家 |

(1) この人は何について興味（関心）がありますか。

→
....

(2) 今度の夏休みにどこに行くつもりですか。

→
....

(3) 卒業したらどこで何を勉強するつもりですか。

→
....

(4) 将来どういう職に就きたいですか。

→
....

1. 会話文を日本語に訳してみましょう。

히로 **이번 여름 방학 때 뭐 할 거예요?**

....

은지 ①한국으로 돌아가요.

....

히로 **정말 좋겠네요!**

....

은지 **네,** ②사랑하는 가족들을 만나서 기뻐요.

....

히로 **그런데, 저도** ①한국에 어학 연수 하러 가요.

....

은지 **그래요? 그럼 우리** ③서울에서 만날래요?

....

히로 **와! 너무 재미있겠어요.** ④어디에 갈 거예요?

....

은지 ⑤홍대 앞에 있는 라이브 카페에 **가죠.**

....

2. 上記の①から⑤を入れ替えて話してみましょう。

① 운전 면허를 딸 거예요.　　運転免許を取るつもりです。

② 합격하면 차를 살 거예요.　合格したら車を買います。

③ 같은 학원에 등록할래요?　同じ教習所に登録しますか。

④ 차를 사면 어디에 갈래요?　車を買ったらどこに行きますか。

⑤ 기사라즈로 드라이브　　　木更津にドライブ

78

여름 방학 夏休み				
할 거예요? するつもりですか				
돌아가요 帰ります				
좋겠네요 いいですね				
사랑하는 愛する、愛している				
들 〜たち				
기뻐요 うれしいです				
어학 연수 語学研修				
하러 しに				
만날래요? 会いますか				
재미있겠어요 面白そうですね				
갈 거예요 行くつもりです				
홍대 앞 弘大前				
있는 ある				
라이브 카페 ライブ・カフェ				
가죠 行きましょう				

5 夏休みの計画 （여름 방학 계획） CD-35

운전면허를 따다
運転免許を取る

아르바이트를 하다
アルバイトをする

여행을 가다
旅行に行く

고향에 돌아가다
故郷に帰る

해수욕을 하다
海水浴をする

캠핑을 가다
キャンプに行く

하이킹을 가다
ハイキングに行く

다이어트를 하다
ダイエットをする

자원 봉사를 하다
ボランティアをやる

어학 연수를 가다
語学研修に行く

자격 취득 공부를 하다
資格取得の勉強をする

전시회를 관람하다
展示会を観覧する

　의심이 난 오누이는 "방문 안으로 손을 넣어 보세요 " 라고 말했습니다. 들어온 것은 호랑이 발이었습니다. 깜짝 놀라 밖을 내다보니, 호랑이가 어머니 옷을 입고 있었습니다.

　오누이는 황급히 부엌문으로 나가 뒤뜰에 있는 커다란 나무 위로 올라갔습니다.

　집 주위를 빙빙 돌다가 커다란 나무 근처 우물에 비친

오누이를 본 호랑이는 도끼로 나무를 찍으면서 올라갔습니다.

어떻게 가면 돼요?

CD-37

히로 　저기요! 말씀 좀 묻겠습니다.
　　　홍대 앞까지 어떻게 가면 돼요?

행인 　2호선을 타고 홍대입구역에서 내리면 돼요.
　　　그런데 일본에서 오셨어요?

히로 　네, 일본에서 왔어요.
　　　혹시 그 근처에 있는 "카페 aA"를 아세요?

행인 　거기는 독특한 카페가 많아요.
　　　마침 그 쪽으로 가는 길이니까 같이 가시죠.

発音・語彙

連音化　2 호선을　　역에서　　일본에서　　그 쪽으로　　길이니까
[서느 sɔ nɯl]　[여께 ɛ ge]　[보네 bo ne]　[쪼그 tʃʃo gɯ]　[기리 ki ri]

저기요 [tʃɔ gi jo]
あの、すみません
「저기 あそこ」に丁寧を表す「요」がついた形。

묻겠습니다 [묻껟씀니다 mut ˀket ˀsɯm ni da]
＊濃音化 1：ㄷ＋ㄱ＝ㄷ＋ㄲ
＊濃音化 1：ㄷ (쓰の代表音) ＋ㅅ＝ㄷ＋ㅆ
＊鼻音化：ㅂ＋ㄴ＝ㅁ＋ㄴ
(直：尋ねます)、伺います
何かを見知らぬ人に質問する時、控え目に聞く言い方。

까지 [ˀka dʒi]
〜まで

어떻게 [어떠케 ɔ ˀtɔ kʰe]
＊激音化：ㅎ＋ㄱ＝ㅎ＋ㅋ
どのように

가면 돼요 ? [ka mjɔn twe jo]
行けばいいですか　　　　【文法 1】
「基가다 行く」＋「으면 / 면 되다 〜ればよい」
「아 / 어요〜です・ます」
基되다 (なる)

2 호선 [i ho sɔn]
二号線

타고 [ta go]
乗って　　　　【第 2 課・文法 3】
「基타다 乗る」＋「고 〜て」

홍대입구역 [홍대입꾸역 hoŋ dɛ ip ˀku jɔk]
＊濃音化 1：ㅂ＋ㄱ＝ㅂ＋ㄲ　弘大入口驛
弘大入口駅

내리면 돼요 [nɛ ri mjɔn twe jo]
降りればいいです　　　　【文法 1】
「基내리다 降りる」＋「으면 / 면 되다 〜ればよい」＋
「아 / 어요〜です・ます」

오셨어요 ? [오서써요 o sjɔ ˀsɔ jo]
＊連音化：ㅆ＋ㅇ＝ ↗ ㅆ
来られましたか　　　　【文法 3】
基오다 (来る)

근처 [kɯn tʃʰɔ] 近處
近所

아세요 ? [a se jo]
ご存知ですか　　　　基알다 (知る)

독특한 [독트칸 tok tʰɯ kʰan]
＊激音化：ㄱ＋ㅎ＝ㅈ＋ㅋ
独特な　　　　【第 5 課・文法 3】
基독특하다 (独特だ)

많아요 [마나요 ma na jo]
＊連音化：ㄶ＋ㅇ＝ㅎ ↗ ㄴ
多いです　　　　【文法 3】
基많다 (多い)

마침 [ma tʃʰim]
ちょうど

쪽 [ˀtʃok]
方、側、方面

가는 길 [ka nɯn gil]
行く途中 (直：行く道)
「基가다 行く」＋「는 〜する」＋名詞　現連体形

이니까 [i ni ˀka]
〜ので　　　　【文法 4】
基이다 (〜だ)

가시죠 [ka ʃi dʒjo]
行きましょう
「基가다 行く」＋「으시 / 시尊敬形」＋「지요〜ましょう・でしょう」

文法と表現

1. **動詞＋으면 / 면 되다** 　　　　　～ （す）ればよい 　　　　　　　　〔条件〕
2. **ㄹ変則** 　　　　　　　　　　　　　　　　　　　　　　　　　　　〔変則〕
3. **用言＋으셨 / 셨** 　　　　　　　お～なさった、～でいらっしゃった　〔尊敬形・過去形〕
4. **用言＋으니까 / 니까** 　　　　　～ので、～から、～すると、～したら〔理由・継起〕

1. 用言＋으면 / 면 되다 　　～ （す）ればよい 　　　　　　〔方法提示〕

❖ ある基準や結果を満足させる方法や条件について尋ねたり、答えたりする場合に使う表現。

❖ 仮定や条件を表す「으면 / 면 （～れば、～ると）」に許可を表す「되다 （よい）」がついた形である。

❖ 語幹末 （「다」の直前) がパッチム有りの場合「으면 되다」、パッチム無しとㄹパッチムの場合「면
되다」がつく。

用言語幹　パッチム有 ＋ **으면 되다**

묵다 泊る　**오늘은 여기서 묵**으면 돼요. 今日はここで泊まればいいです。

用言語幹　パッチム無 ＋ 　**면 되다**
　　　　　パッチムㄹ

가다 行く　**도쿄역까지 어떻게 가**면 돼요? 東京駅までどのように行けばいいですか。

걸다 かける　**내일 밤에 전화를 걸**면 돼요. 明日の夜に電話をかければいいです。

CD-38

表現 1 　新宿から成田空港までどのように行けばよいか答えてみましょう。

A: **나리타 공항까지 어떻게 가**면 돼요?

例　**신주쿠역 니시구치에서 리무진 버스를 타면 돼요.**

신주쿠	新宿
나리타	成田
닛포리	日暮里
니시구치	西口
야마노테선	山手線
리무진버스	リムジンバス
스카이라이너	スカイライナー
나리타익스프레스	成田エクスプレス
엑세스특급	アクセス特急
갈아타다	乗り換える

2. ㄹ変則

❖ ㄹ変則は、ㄹパッチムの後ろに続く語尾によってㄹパッチムが脱落して不規則に活用することを言う。

❖ ㄹパッチムの後にスポーン (SPO [R] N ㅅ , ㅂ , 오 , [パッチムㄹ] , ㄴ) が続くと脱落が起きる。

❖ しかし、ㄹパッチムの後に「ㄹ , ㅁ」で始まる語尾が続くと脱落しないので要注意 !!!
たとえば、ㄹで始まる「으러 / 러 (〜 (し) に)」や「으려고 / 려고 (〜 (し) ようと)」、ㅁで始まる「으면 / 면 (〜(す)れば)」や「으면서 / 면서 (〜 (し)ながら)」などが後続すると、ㄹパッチムは脱落せず、パッチム無しの場合の「러」「려고」「면」「면서」がつく。

① ㄹパッチム ＋ ㅅ ㅂ 오 [ㄹ] ㄴ
　└→ 脱落　　　　Ｓ Ｐ Ｏ [Ｒ] Ｎ

	으세요 / 세요 〜 されます	습니다 / ㅂ니다 〜 ます・です	을 / ㄹ거예요 〜 するつもりです	는 〜する〜
열다 開ける	여세요 お開けになります	엽니다 開けます	열 거예요 開けるつもりです	여는 開いている〜
팔다 売る	파세요 お売りになります	팝니다 売ります	팔 거예요 売るつもりです	파는 売っている〜

② ㄹパッチム ＋ ㄹ ㅁ
　└→ そのまま ————————→ パッチム無しの形がつく

	으러 / 러 〜 (し) に	으면 / 면 〜 (す)れば
열다 開ける	열러 開けに	열면 開ければ
팔다 売る	팔러 売りに	팔면 売れば

表現2　A には「으세요 / 세요」、B には「습니다 / ㅂ니다」を入れて話してみましょう。

CD-39

A: 지금 뭘 만드세요 ?

B: 잡채를 만듭니다 .

例　A：지금 뭘 만들다　　B：잡채를 만들다

① 　A：서울에서 살다　　B：아뇨, 부산에서 살다

② 　A：그 분을 알다　　B：네, 잘 알다

③ 　A：집이 멀다　　B：좀 멀다

3.　用言 + 으셨 / 셨　お～なさった、～でいらっしゃた 〔尊敬形・過去形〕

❖ 用言の語幹について尊敬の過去の意を表す。

❖ 敬語を表す語尾「으시 / 시」に過去を表す語尾「았 / 었」がついた形である。

❖ 語幹末 (「다」の直前) がパッチム有りの場合「으셨」、パッチム無しとㄹパッチム (脱落) の場合「셨」がつく。

❖ 名詞文 (指定詞) では、名詞の最後の文字にパッチムが有りの場合「이셨」、パッチム無しの場合「셨」がつく。

❖ 「합니다体」は「으셨 / 셨」や「이셨 / 셨」と丁寧形「습니다」が結合してそれぞれ **「으셨습니다 / 셨습니다」**、**「이셨습니다 / 셨습니다」** となる。

❖ 「해요体」は、それぞれ **「으셨어요 / 셨어요」**、**「이셨어요 / 셨어요」** となる。

動詞・存在詞・形容詞

語幹　パッチム有　으시 + 었 →　　으셨

　　젊다 若い　　　　　　　　　→ 젊으셨어요.　　お若くていらっしゃいました。
　　　　　　　　　　　　　　　　→ 젊으셨습니다.

語幹　パッチム無　　시 + 었 →　　셨
　　　パッチムㄹ (脱)

　　오다 来る　　　　　　　　　→ 오셨어요.　　　来られました。
　　　　　　　　　　　　　　　　→ 오셨습니다.

　　알다 知る　　　　　　　　　→ 아셨어요.　　　ご存知でした。
　　　　　　　　　　　　　　　　→ 아셨습니다.

指定詞

名詞　パッチム有　이시 + 었 →　　　이셨

　　손님이다 お客さんだ　　　　→ 손님이셨어요.　　お客様でした。
　　　　　　　　　　　　　　　　→ 손님이셨습니다.

名詞　パッチム無　　시 + 었 →　　　셨

　　어머니이다 お母様だ　　　　→ 어머니셨어요.　　お母様でした。
　　　　　　　　　　　　　　　　→ 어머니셨습니다.

表現 3 尊敬の過去形「으셨 / 셨어요」で質問、過去形「았 / 었어요」で答えてみましょう。

A: 일본에서 오셨어요?　　　　　B: 네, 일본에서 왔어요.

例　A : 일본에서 오다　　　　B : 네, 일본에서 오다

① 　A : 그동안 잘 지내다　　　B : 네, 잘 지내다

② 　A : 그 호텔 좋다　　　　　B : 네, 정말 좋다

③ 　A : 저한테 전화걸다　　　　B : 네, 어제 걸다

그동안　　その間
잘 지내다　お変わりなく過ごす

4. 用言＋으니까 / 니까　　　〜ので、〜から、　　　　〔理由・継起〕
〜すると、〜したら

❖ 原因、理由、根拠などを表すものと後に続く状態の前置を表わす表現がある。

❖ 語幹末 (「다」の直前) がパッチム有りの場合「으니까」、パッチム無しとㄹパッチム (脱落) の場合「니까」がつく。

❖ 理由を表す時は「아서 / 어서」とは異なり、相手への依頼、命令、勧誘、そして「았 / 었」、「겠」の後に用いられる。

動詞・存在詞・形容詞語幹　パッチム有 + 으니까

없다　　　　　　돈이 없으니까 집에 있어요.　　　　　〔理由〕
ない　　　　　　お金がないので家にいます。

動詞・存在詞・形容詞語幹　パッチム無 + 니까
　　　　　　　　　　　　　パッチムㄹ (脱)

비싸다　　　　　값이 비싸니까 안 사요.　　　　　　　〔理由〕
高い　　　　　　値段が高いので買いません。

열다　　　　　　창문을 여니까 눈이 왔어요.　　　　　〔継起〕
開ける　　　　　窓を開けたら雪が降っていました。

❖指定詞では、名詞の最後の文字がパッチム有りの場合「이니까」、パッチム無しの場合は「니까」がつく。

指定詞 名詞　パッチム有 + **이니까**

교실이다
教室だ

교실이니까 **조용히 하세요.**〔理由〕
教室なので静かにしてください。

指定詞 名詞　パッチム無 + **니까**

이야기이다
話だ

긴 이야기니까 **그만두겠어요.**〔理由〕
長い話なのでやめます。

CD-41

表現4　ホテルまで次の方法で行った方がいい理由について話してみましょう。

A: 호텔까지 어떻게 가면 돼요?　　　B: 가까우니까 자전거를 타세요.

例　B: 가깝다, 자전거를 타다

① B: 짐이 많다, 택시를 타다

② B: 길이 막히다, 지하철을 타다

③ B: 길이 미끄럽다, 지하도로 가다

자전거	自転車
짐	荷物
택시	タクシー
길이 막히다	道が混む
지하철	電車
길이 미끄럽다	道が滑る
지하도	地下道

ㅂ変則　→「ㅂ + 으 → 우」!!!
가깝다　→ 가까우니까
미끄럽다 → 미끄러우니까

1. 次の ㄹ 変則用言に各語尾を接続してみましょう。

ㄹ変則用言 *基本形の「다」 の直前を見る	습니다 / ㅂ니다 パッチム有 / 無、ㄹ (脱) 〜です・ます	으세요 / 세요 パッチム有 / 無、ㄹ (脱) お〜になります	으면 / 면 パッチム有 / 無、ㄹ (脱) 〜(す) れば、〜 (し) たら	으니까 / 니까 パッチム有 / 無、ㄹ (脱) 〜ので、〜から
살다　住む	삽니다	사세요	살면	사니까
알다　知る				
놀다　遊ぶ				
열다　開く				
팔다　売る				
불다　吹く				
들다　持つ				
풀다　解く				
쓸다　掃く				
끌다　引く				
울다　泣く				
벌다　稼ぐ				
빌다　祈る、謝る、請う				
걸다　かける				
빨다　吸う				
깔다　敷く				
만들다作る				
까불다ふざける				
길다　長い				
멀다　遠い				
달다　甘い				
힘들다大変だ				

2. 次の基本形を過去の尊敬形に変えてみましょう。

用言文・基本形 ＊基本形の「다」 の直前を見る	過・敬・합니다体 / 해요体 으셨어요 / 셨어요 으셨습니다 / 셨습니다 パッチム有 / 無、ㄹ（脱）	用言文・基本形	過・敬・합니다体 / 해요体 으셨어요 / 셨어요 으셨습니다 / 셨습니다 パッチム有 / 無、ㄹ（脱）
닫다　　閉める	닫으셨어요 / 닫으셨습니다	가다　　　行く	가셨어요 / 가셨습니다
읽다　　読む		만나다　　会う	
찾다　　探す		타다　　　乗る	
앉다　　座る		사다　　　買う	
믿다　　信じる		공부하다　勉強する	
받다　　受け取る		전화하다　電話する	
입다　　着る		배우다　　学ぶ	
벗다　　脱ぐ		보내다　　送る	
있다　　ある・いる		지내다　　過ごす	
없다　　ない・いない		보다　　　見る	
젊다　　若い		오다　　　来る	
늙다　　老いる		가르치다　教える	
名詞文	이셨어요 / 셨어요 이셨습니다 / 셨습니다 パッチム有 / 無	名詞文	이셨어요 / 셨어요 이셨습니다 / 셨습니다 パッチム有 / 無
부모님　ご両親		아버지　　お父さん	
선생님　先生		어머니　　お母さん	

3. 例のように「으면 되다 / 면 되다」を入れて文を作ってみましょう。

누구를 찾다 / 야마다 씨를 찾다 → 누구를 찾으면 돼요? 야마다 씨를 찾으면 돼요.

誰を探す　　　山田さんを探す　　　誰を探せばいいですか。　山田さんを探せばいいです。

(1) 면접 때 뭘 입다 面接の時何を着る / 정장을 입다 正装をする

→

(2) 어디에서 모이다 どこで集まる / 정문 앞에서 모이다 正門の前で集まる

→

(3) 이 문제만 풀다 この問題だけ解く / 이 문제만 풀다 この問題だけ解く

→

4. 例のように「으니까 / 니까」と「지요」を入れて文を作ってみましょう。

이 영화는 봤다 / 다른 영화를 보다 → 이 영화는 봤으니까 다른 영화를 보지요.

この映画は見た　違う映画を見る　　　この映画は見たので違う映画を観ましょう。

(1) 방이 어둡다 部屋が暗い / 불을 켜다 電気をつける

→

(2) 집이 멀다 家が遠い / 먼저 가시다 お先に行かれる

→

(3) 제 일이다 私のことだ / 제가 책임지다 私が責任（を）持つ

→

5. 次の文を韓国語に訳しましょう。

(1) この書類は明日までに提出すれば大丈夫です。

→

(2) 先週の食事会にどうしていらっしゃらなかったですか。

→

(3) 窓を開けると寒いので、閉めてください。

→

제출	提出
지난주	先週
식사회	食事会

1. 会話文を日本語に訳してみましょう。

히로　저기요! 말씀 좀 묻겠습니다.

①홍대 앞까지 어떻게 가면 돼요?

행인　② 2 호선을 타고 홍대입구역에서 내리면 돼요.

그런데, ③일본에서 오셨어요?

히로　네, ③일본에서 왔어요.

혹시 그 근처에 있는 ④ "카페 aA"를 아세요?

행인　거기는 ⑤독특한 카페가 많아요.

마침 그 쪽으로 가는 길이니까 같이 가시죠.

2. 上記の①から⑤を入れ替えて話してみましょう。

① 하코네	箱根
② 신주쿠에서 로맨스카를 타고 하코네 유모토역	新宿でロマンスカーに乗って 箱根湯本駅
③ 한국	韓国
④ 당일 온천	日帰り温泉
⑤ 온천도 경치도 좋은 곳	温泉も景色も良いところ

저기요 あの、すみません				
묻겠습니다 尋ねます、伺います				
어떻게 どのように				
가면 돼요? 行けばいいですか				
2호선 二号線				
타고 乗って				
홍대입구역 弘大入口駅				
내리면 돼요 降りると				
근처 近所				
오셨어요? 来られましたか				
아세요? ご存知ですか				
인테리어 インテリア				
독특한 独特な				
많아요 多いです				
마침 ちょうど				
쪽 方、方面				
가는 길이니까 行く途中なので				
가시죠 行きましょう				

6 交通関連（교통 관련） CD-42

버스 , 버스 정류장
バス、バス停留場

택시 , 택시 승강장
タクシー、タクシー乗り場

고속버스 , 고속터미널
高速バス、高速ターミナル

지하철 , 지하철역
電車、電車駅

비행기 , 공항
飛行機、空港

횡단보도를 건너다
横断歩道を渡る

육교를 건너다
歩道橋を渡る

지하도를 건너다
地下道を通る

사거리
交差点

똑바로 가다
まっすぐ行く

(우회전하다)
오른쪽으로 가다
右へ曲がる

(좌회전하다)
왼쪽으로 가다
左へ曲がる

CD-43

그 모습을 보며 오들오들 떨던 오누이는 "하느님, 살려주세요!!" 라고 하늘을 향해 소리쳤습니다. 그러자 하늘에서 동아줄이 스르르 내려와, 그걸 타고 하늘로 올라갔

습니다. 호랑이 역시 "하느님, 동아줄을 내려 주세요" 라고 부탁했습니다. 호랑이한테도 내려왔지만, 그건 썩은 동아줄이어서 도중에 끊어졌습니다.

수수밭에 떨어진 호랑이는 죽고, 하늘로 올라간 오누이는 해님과 달님이 되었습니다.

第7課 사진 첨부할게요 .*ᵃ^^ᵃ*

CD-44

리자 씨에게

안녕하세요 ? 그동안 잘 지냈어요 ?

저는 어제 어학 연수에서 돌아왔어요 . 8 월의 서울은 무더웠지만 , 정말 즐거웠어요 .

많은 외국인 친구들을 사귈 수 있었어요 . 특히 문화 수업에서는 김치도 만들고 , 태권도와 장구도 배우고 , 뮤지컬도 보러 갔어요 . 은지 씨하고 멋진 라이브 카페에도 갔어요 .

그럼 학교에서 봐요 .   히로 올림

추신 : 참 , 거기서 찍은 사진 첨부할게요 .*^^*

発音・語彙

連音化　**8 월의**　　　　**서울은**　　　　**친구들을**　　　　**수업에서는**
[파뤄레 pʰa rwɔ re]　　　[우른 u rɯn]　　　[드를 dɯ rɯl]　　　[어베 ɔ be]

그동안 [kɯ doŋ an]　　　　その間

잘 지냈어요 ? [잘 지내썌요 tʃal dʒi ne ʔsɔ jo]　　　お元気でしたか、お変わりなく過ごしましたか
*連音化：ㅆ＋ㅇ＝↗ㅆ

돌아왔어요 [도라와써요 to ra wa ʔsɔ jo]　　　帰りました、戻りました
*連音化：ㄹ＋ㅇ＝↗ㄹ、ㅆ＋ㅇ＝↗ㅆ　　　　　　　　　基돌아오다 (帰る、戻る)

무더웠지만 [무더월찌만 mu dɔ wɔt ʔtʃi man]　　　蒸し暑かったが
*濃音化1：ㄷ (ㅆの代表音) ＋ㅈ＝ㄷ＋ㅉ
「무더웠다 蒸し暑かった」+「지만 ～だが」
基무덥다 (蒸し暑い) ㅂ変則

즐거웠어요 [즐거워써요 tʃɯl gɔ wɔ ʔsɔ jo]　　　楽しかったです
*連音化：ㅆ＋ㅇ＝↗ㅆ　　　　　　　　　基즐겁다 (楽しい) ㅂ変則

많은 [마는 ma nɯn]　　　多くの
*連音化：ㄶ＋ㅇ＝ㅎ↗ㄴ　　　「基많다 多い」+「은～な、～い」現連体形

외국인 [외구긴 we gu gin]　　　外国人
*連音化：ㄱ＋ㅇ＝↗ㄱ

사귈수 있었어요　　　付き合えました　　　【文法2】
[사귈쑤 이써써요 sa gwil ʔsu i ʔsɔ ʔsɔ jo]　　　「基사귀다 付き合う」+「을/ㄹ 수 있다～ (する) ことができ
*濃音化3：語尾ㄹ＋ㅅ＝ㄹ＋ㅆ　　　る」+「았/었어요～でした・ました」
*連音化：ㅆ＋ㅇ＝↗ㅆ

김치 [kim tʃʰi]　　　キムチ

태권도 [태꿘도 tʰɛ ʔkon do] 跆拳道　　　テコンドー

과 / 와 [kwa / wa]　　　～と　　　【文法1】

장구 [tʃaŋ gu]　　　チャング（鼓の一種）
韓国の伝統国楽に使われる他楽器の一種。

뮤지컬 [mju dʒi kɔl]　　　ミュージカル

보러 [po rɔ]　　　見に
「基보다 見る」+「으러/러～ (し) に」

하고 [ha go]　　　～と　　　【文法1】

멋진 [먿찐 mɔt ʔtʃin]　　　すてきな
*濃音化1：ㄷ (ㅅの代表音) ＋ㅈ＝ㄷ＋ㅉ
「基멋지다 すてきだ」+「은/ㄴ～な、～い」現連体形

찍은 [찌근 ʔtʃi gɯn]　　　撮った　　　【文法3】
*連音化：ㄱ＋ㅇ＝↗ㄱ　　　「基찍다 撮る」+「은/ㄴ～な、～い」過連体形

첨부할게요 [첨부할께요 tʃʰɔm bu hal ʔke jo]　　　添付しますよ　　　【文法4】
*濃音化3：語尾ㄹ＋ㄱ＝ㄹ＋ㄲ　　　「基첨부하다 添付する」+「을/ㄹ게요～ (し) ますよ」

올림 [ol lim]　　　(手紙などで) 拝、～より

추신 [tʃʰu sin]　　　追伸

文法と表現

1. **名詞**＋하고 , 과 / 와　　　　　　　　〜と　　　　　　　　　　　〔相手・羅列〕
2. **用言**＋을 / ㄹ 수 있다 / 없다　　　　〜することができる / できない　〔可能・不可能〕
3. **動詞**＋은 / ㄴ＋名詞　　　　　　　　〜（し）た〜　　　　　　　　〔過去連体形〕
   形容詞・存在詞＋던＋名詞　　　　　〜だった〜
   指定詞＋이던＋名詞　　　　　　　　〜（で）あった〜
4. **用言**＋을 / ㄹ게요　　　　　　　　　〜（し）ますよ、〜（し）ますから　〔意志・約束〕

1.　名詞＋하고 , 과 / 와　　　　〜と　　　　　　　　　〔相手・羅列〕

❖「하고」は名詞の後にそのままつき主に話し言葉。その他「이랑 / 랑」がある。

❖「과 / 와」は書き言葉、話し言葉両方とも使われ、**名詞の最後の文字がパッチム有りの場合「과」、パッチム無しの場合は「와」がつく。**

名詞 ＋ 하고　　　　　**사랑**하고 **우정**　　　愛と友情　　　　〔羅列〕
　　　　　　　　　　　언니하고 **만나요 .**　姉と会います。　〔相手〕

名詞 パッチム有 ＋ 과　**사랑**과 **우정**　　　愛と友情　　　　〔羅列〕
　　パッチム無 ＋ 와　**언니**와 **만나요 .**　姉と会います。　〔相手〕

CD-45

表現 1　次の部屋の風景について「하고 , 과 / 와」「아 / 어요」を使って話してみましょう。

例　스파게티하고 피자를 먹어요 .
　　스파게티와 피자를 먹어요 .

① 스파게티 , 피자 , 맛있다

② 침대 , 화장대 , 있다

③ 친구 , 이야기하다

스파게티	スパゲッティ
피자	ピザ
침대	ベッド
화장대	化粧台

98

2. 用言＋을 / ㄹ 수 있다 / 없다 〜することができる / できない 〔可能・不可能〕

❖ 用言の語幹について可能や不可能、能力の有無を表す。

❖ 語幹（「다」の直前）がパッチム有りの場合「을 수 있다 / 없다」、パッチム無しとㄹパッチム（脱落）の場合は「ㄹ 수 있다 / 없다」をつける。

> 用言語幹　パッチム有　　＋　을 수 있다 / 없다
>
> 먹다 食べる　　매운 음식을 먹을 수 있어요. 辛い料理を食べられます。
>
> 用言語幹　パッチム無　　＋　ㄹ 수 있다 / 없다
> 　　　　　パッチムㄹ（脱）
>
> 부르다 歌う　　한국 노래를 부를 수 없어요. 韓国の歌を歌えません。
>
> 불다 吹く　　저는 플루트를 불 수 있어요. フルートを吹けます。

表現2　次のことができるか話してみましょう。

A: 저는 기타를 칠 수 없어요.　　　B: 저는 기타를 칠 수 있어요.

	項目	A: 히로	B: 리자
例	기타를 치다	×	○
①	바이올린을 켜다	○	×
②	악보를 읽다	○	○
③	색소폰을 불다	×	○

> 기타를 치다　　ギターを弾く
> 바이올린을 켜다　バイオリンを弾く
> 악보를 읽다　　楽譜を読む
> 색소폰을 불다　サックスを吹く

3. 動詞＋은／ㄴ＋名詞 ～（し）た～ 〔過去連体形〕
形容詞・存在詞 ＋던＋名詞 ～だった～
指定詞＋이던＋名詞 ～であった

❖ 過去連体形は、その行為や事件が過去に起こったことを表す時に使われる。

❖ 動詞の語幹（「다」の直前）にはパッチム有りの場合「은」、パッチム無しとㄹパッチム（脱落）の場合「ㄴ」がつき、名詞を修飾する。

❖ 形容詞・存在詞の語幹にはそのまま「던」がつき、指定詞には「이던」がつく。

❖ 動詞の語幹に「던」がつくと、「～していた」という過去回想を表し、その行為が過去のある時点からある時点まで繰り返されてきたことを表す時に使う。

　例　제가 자주 가던 카페예요. 私がよく行っていたカフェです。

❖ 品詞によって活用が違うので要注意！！！

動詞語幹　パッチム有　＋ 은 ＋ 名詞		
찍다 撮る	그 날 찍은 사진	その日撮った写真
動詞語幹　パッチム無　＋ ㄴ ＋ 名詞 パッチムㄹ (脱)		
만나다 会う	어제 만난 사람	昨日会った人
만들다 作る	형이 만든 요리	兄が作った料理
形容詞・存在詞語幹　　＋ 던 ＋ 名詞		
아름답다 美しい	아름답던 추억	美しかった追憶
있다 ある	절이 있던 자리	お寺があった所
指定詞語幹　＋　　이던 ＋ 名詞		
기자이다 記者だ	기자이던 남동생	記者だった弟

CD-47　**表現 3**　過去のことに関して連体形を使って話してみましょう。

A: 어제 본 영화는 재미있었어요?　　B: 어제 본 영화는 재미있었어요.

例　ＡＢ：어제 動보다 / 영화는 재미있다　　① ＡＢ：파티 때 動입다 / 원피스가 예쁘다

② ＡＢ：形힘들다 / 일은 끝나다　　③ ＡＢ：指대학생이다 / 아들이 결혼하다

4. 用言＋을 / ㄹ게요 ～（し）ますよ、～（し）ますから　〔意志・約束〕

❖ 動詞の語幹につき、相手に自分の意志を表す、または何かを約束する時に用いる。

❖ 語幹末（「다」の直前）にパッチム有りの場合「을게요」、パッチム無しとㄹパッチム（脱落）は「ㄹ게요」をつける。

❖ 話し言葉でよく用いられ、親しい間柄や目下の人に対しては丁寧の語尾「요」を取って「을 / ㄹ게（～するよ、～するから）」という形で使われる。

動詞語幹	パッチム有 ＋ 을게요	
먹다　食べる	저는 냉면을 먹을게요.	私は冷麺を食べますよ。
動詞語幹	パッチム無 ＋ ㄹ게요 パッチムㄹ（脱）	
말하다　話す	오늘 저녁에 말할게요.	今晩話しますから。
빌다　祈る	당신의 행운을 빌게요.	あなたの幸運を祈りますよ。

表現 4　「을게요 / ㄹ게요」を使って相手に約束してみましょう。

A: 잘 안 들려요.

B: 크게 말할게요.

例　Ａ：잘 안 들리다　　　　Ｂ：크게 말하다
① Ａ：너무 시끄럽다　　　　Ｂ：떠들지 않다
② Ａ：오늘 좀 늦다　　　　　Ｂ：계속 기다리다
③ Ａ：지금 전화하고 있다　　Ｂ：나중에 걸다

안 들리다	聞こえない
基들리다	（聞こえる）
크게	大きく
시끄럽다	うるさい

1. 次の単語を「하고、과 / 와」でつなげてみましょう。

名詞	하고	과 / 와 パッチム有 / 無
어머니 お母さん 아버지 お父さん	어머니하고 아버지	어머니와 아버지
남자 男　　여자 女		
빵 パン　　우유 牛乳		
햄버거 ハンバーガー 콜라 コーラ		
숟가락 スプーン　젓가락 箸		
책상 机　　의자 椅子		
토끼 兎　　거북이 カメ		
해님 お天道様 달님 お月様		

「해 太陽」を敬い親しんで言う語

2. 例のように「을 / ㄹ 수 있다 / 없다」と「아서 / 어서」を入れて文を作ってみましょう。

오늘 만나다 / 시간이 없다 → 오늘 만날 수 있어요 ? / 시간이 없어서 만날 수 없어요 .
今日会う　　　時間がない　　　今日会えますか　　　　　時間がなくて会えません

(1) 히로 씨를 찾다 宏さんを探す / 너무 사람들이 많다 とても人々が多い

→ ....

(2) 백화점에 가면 사다 デパートに行ったら買う / 품절이다 品切れだ

→ ....

(3) 눈사람을 만들다 雪だるまを作る / 눈이 안 오다 雪が降らない

→ ....

3. 次の用言と名詞の間に適切な過去連体形を入れてみましょう。

過去連体形	動＋은/ㄴ 形・存＋던＋名詞 指＋이던
오늘 결석하다 今日欠席する / 사람 人	오늘 결석한 사람
어제 먹다 昨日食べる / 빵 パン	
제가 만들다 私が作る / 작품 作品	
아침에 첨부하다 朝 (に) 添付する / 파일 ファイル	
너무 재미있다 とても面白い / 이야기 話	
항상 깨끗하다 いつもきれいだ / 공원 公園	
눈이 많다 雪が多い / 겨울 冬	
햇볕이 뜨겁다 日差しが暑い / 여름 夏	
작은 소녀이다 小さな少女だ / 여동생 妹	
예쁜 대학생이다 きれいな大学生だ / 언니 姉	

4. 例のように「을/ㄹ게요」を入れて文を作ってみましょう。

서울에서 찍은 사진을 첨부하다 → 서울에서 찍은 사진을 첨부할게요.

ソウルで撮った写真を添付する　　　→　ソウルで撮った写真を添付しますよ。

(1) 내일 다시 전화를 걸다 明日また電話をかける

→

(2) 오늘은 너무 늦었으니까 내일 연락하다 今日は遅すぎたので明日連絡する

→

(3) 아름답던 추억을 잊지 않다 美しかった思い出を忘れない

→

5. 次の文を韓国語に訳しましょう。（해요体）

(1) 昔（に）別れた友だちを探せますか。

→ ....

(2) 私がつけた帽子格好いいでしょう。

→ ....

(3) 暑かった夏が過ぎ去り、涼しい秋になりました。

→ ....

옛날	昔	헤어지다	別れる
모자	帽子	쓰다	かぶる
지나가다	過ぎ去る	서늘하다	涼しい

6. 次のメールを読んで質問に韓国語で答えてみましょう。

히로 씨에게 .

히로 씨 , 그동안 잘 지냈어요 ?

저도 방학동안 프랑스에 있었어요 . 초등학생이던 제 여동생이 벌써 숙녀가 되었어요 . 가족들하고 피크닉도 가고 여행도 갈 수 있었어요 .

서울에서 찍은 사진 잘 봤어요 . 저도 가족 사진을 보낼게요 . 대학에서 만나면 서울 이야기를 더 듣고 싶어요 .　　　　　리자 올림

숙녀	淑女、レディー
피크닉	ピクニック
더	もっと

(1) 宏さんとリザさんは夏休みの間どこにいましたか。

....

....

(2) リザさんは家族と何をしましたか。

....

(3) リザさんは宏さんにどういう写真を送りますか。

....

(4) リザさんは大学で宏さんに会ったらどんな話をもっと聞きたいですか。

....

1. 会話文を日本語に訳してみましょう。

리자 씨에게

안녕하세요 ? 그동안 잘 지냈어요 ?

저는 어제 어학 연수에서 돌아왔어요 . 8 월의 서울은 무더웠지만 , 정말 즐거

웠어요 . 많은 외국인 친구들을 사귈 수 있었어요 .

문화 수업에서는 김치를 만들고 , 태권도와 장구도 배우고 , 뮤지컬도 보러 갔

어요 . 은지 씨하고 멋진 라이브 카페에도 갔어요 .

그럼 학교에서 봐요 .   히로 올림

추신 : 참 , 거기서 찍은 사진을 첨부할게요 .*^^*

2. 上記の会話に夏休みにどこで何をしたか友だちにメールを書いてみましょう。

그동안 その間				
잘 지냈어요? お元気でしたか				
돌아왔어요 帰りました				
무더웠지만 蒸し暑かったが				
즐거웠어요 楽しかったです				
많은 多くの				
외국인 外国人				
사귈 수 있었어요 付き合えました				
태권도 テコンドー				
장구 チャング（太鼓）				
뮤지컬 ミュージカル				
보러 見に				
멋진 すてきな				
찍은 撮った				
첨부할게요 添付しますよ				
올림 拝				
추신 追伸				

7　文化授業（문화 수업）

한국 요리
韓国料理

도자기
陶磁器

한지 공예
韓紙工芸

태권도
テコンドー

사물놀이
サムルノリ

찜질방
チムジルバン

공연 관람
公演観覧

민속촌
民俗村

고궁
古宮

서울 시티 투어
ソウルシティーツアー

에버랜드
エバーランド

설악산
雪岳山

第8課 다 같이 노래 불러요!

CD-50

サークルコース

리자   여러분 , 문화제 때 동아리에서 뭐 해요 ?
       저는 캐리커처를 그리려고 해요 .

은지   유학생회에서 프리허그를 하기로 했어요 .
       말로 표현할 수 없는 정을 나누고 싶어요 .

민수   저는 사진 전시회에 출품하려고 해요 .

히로   우리는 노래 자랑 대회를 해요 .
       혹시 참가할 사람 없어요 ?

민수   이왕이면 , 다 같이 노래 불러요 .

発音・語彙

濃音化3 참가할 사람
[할 싸 hal ˀsa]

여러분 [jɔ rɔ bun] — 皆さん

문화제 [mu (h)nwa dʒe] — 文化祭

캐리커처 [kʰɛ ri kʰɔ tʃɔ] — カリカチュア、人物の性格や特徴を際立たせるために誇張や歪曲を施した人物画のこと（Caricature）

그리려고 해요 [kɯ ri rjɔ go hɛ jo] — 描こうと思います　【文法1】
「基그리다 描く」+「으/려고 하다〜(し)ようと思う」+「아/어요 〜です・ます」

유학생회 [유학쌩회 ju hak ˀsɛŋ hwe] 留學生會 — 留学生会
*濃音化1：ㄱ＋ㅅ＝ㄱ＋ㅆ

프리허그 [pʰɯ ri hɔ gɯ] — フリー・ハグ（Free Hugs）

하기로 했어요 [ha gi ro hɛˀsɔ jo] — することにしました　【文法2】
*連音化：ㅆ＋ㅇ＝↗ㅆ
「基하다 する」+「기로 하다 〜ことにする」+「았/었어요 〜でした・ました」

말 [mal] — 言葉

표현할 수 없는
[표현할 쑤 엄는 pʰjo hjɔn hal ˀsu ɔm nɯn] — 表現できない〜　【第7課・文法2】
*濃音化3：語尾ㄹ＋ㅅ＝ㄹ＋ㅆ
*鼻音化：ㅂ（ㅄの代表音）＋ㄴ＝ㅁ＋ㄴ
「基표현하다 表現する」+「을/ㄹ 수 없다 〜することができない」+「는 〜する〜現在連体形」

정 [tʃɔŋ] — 情

나누고 싶어요 [나누고 시퍼요 na nu go si pʰɔjo] — 分かち合いたいです　【第1課・文法4】
*連音化：ㅍ＋ㅇ＝↗ㅍ
「基나누다 分ける」+「고 싶다 〜たい」+「아/어요 〜です・ます」

출품 [tʃʰul pʰum] — 出品

하려고 해요 [ha rjɔ go hɛ jo] — しようと思います
「基하다 する」+「으/려고 하다 〜(し)ようと思う」+「아요/어요 〜です・ます」

노래 자랑 [no rɛ dʒa raŋ] — のど自慢

대회 [tɛ hwe] — 大会

참가할 [tʃʰam ga hal] — 参加する〜　【文法3】
「基참가하다 参加する」+「을/ㄹ 〜するはず〜 未来連体形」

이왕이면 [i waŋ i mjɔn] — どうせならば

다 [ta] — 皆、全部

불러요 [pul lɔ jo] — 歌いましょう　【文法4】
「基부르다 歌う、呼ぶ」+「아요/어요 〜です・ます」
르変則

文法と表現

1. 動詞・存在詞＋으 / 려고 하다 　　　　　　～（し）ようと思う　　　　　〔意図〕
2. 動詞・存在詞＋기로 하다 　　　　　　　　～（する）ことにする　　　　　〔決心〕
3. 用言＋을 / ㄹ　　　　～（す）べき～、～（する）はずの～　　〔未来連体形〕
4. 르変則　　　　　　　　　　　　　　　　　　　　　　　　　　　　　　　　　〔変則〕

1. 動詞・存在詞＋으 / 려고 하다　～（し）ようと思う　　〔意図〕

❖ 動詞と存在詞（있다）の語幹につき、話し手のこれからの予定や意図を表す。

❖ 語幹末（「다」の直前）にパッチムありの場合「으려고 하다」、パッチム無しとㄹパッチムの場合「려고 하다」がつく。

| 動詞・存在詞語幹 | パッチム有 | ＋ 으려고 하다 |

있다 いる　　　**여기에 있**으려고 해요.　ここにいようと思います。

| 動詞・存在詞語幹 | パッチム無 パッチムㄹ | ＋ 려고 하다 |

그리다 描く　　　**그림을 그리**려고 해요.　絵を描こうと思います。

놀다 遊ぶ　　　**친구하고 놀**려고 해요.　友達と遊ぼうと思います。

CD-51

表現 1　授業後何をするつもりか聞いてみましょう。

A: **수업 후에 뭐 할 거예요?**　　　B: **도서관에 가**려고 해요.

例　B：도서관에 가다　①　B：어머니하고 쇼핑하다

②　B：머리를 깎다　③　B：수학 문제를 풀다

도서관	図書館
머리를 깎다	髪を刈る
수학	数学

2. 動詞・存在詞＋기로 하다　～（する）ことにする　〔決心〕

❖ あることをしようと決定したり、決心や約束する時に使う表現。
❖ 動詞・存在詞の語幹にそのままつく。

> 動詞・存在詞語幹　　＋　　기로 하다
>
> 끊다 やめる　**지금부터 담배를 끊**기로 했습니다. 今からタバコをやめることにしました。
>
> 살다 住む　**내년부터 서울에서 살**기로 했어요. 来年からソウルで住むことにしました。

表現 2　冬休みの計画について話してみましょう。　　CD-52

A: 겨울 방학 때 뭐 할 거예요?　　B: 유럽 여행을 가기로 했어요.

유럽	ヨーロッパ
발레	バレエ
레슨	レッスン
마라톤	マラソン

例　B: 유럽 여행을 가다　①　B: 발레 레슨을 받다

②　B: 요리를 배우다　③　B: 도쿄 마라톤에 참가하다

3. 用言＋을 / ㄹ　～（す）べき～、～（する）はずの～　〔未来連体形〕

❖ 用言の語幹についてまだ実現していない事柄がこれから起こることを表す。
❖ 語幹末（「다」の直前）がパッチム有りの場合「을」、パッチム無しとㄹパッチム（脱落）の場合「ㄹ」
がつく。ただし、**指定詞の場合は「일」**がつく。
❖ また、「을 / ㄹ 때」「을 / ㄹ 거예요」「을 / ㄹ게요」のように特定の語と結びついて、推測、予定、
意志、可能性などを表す。過去形は、「았 / 었을」なので要注意 !!!

動詞・存在詞・形容詞

語幹 パッチム有	+ 을 +	名詞
많다 多い	**사람이 많을 시간**	人々が多いはずの時間

語幹 パッチム無 パッチム ㄹ (脱)	+ ㄹ +	名詞
오다 来る	**동아리에 올 사람**	サークルに来られる人
살다 住む	**이제부터 살 집**	これから住む家

指定詞名詞	+ 일 +	名詞
시간이다 時間だ	**점심 시간일 때**	昼休みの時

CD-53

表現3 のど自慢大会の準備について「을/ㄹ」を入れて話してみましょう。

A: 사회를 볼 사람은 누구예요？

B: 히로 씨예요.

例　A : 사회를 보다 , 사람　　　　B : 히로 씨

① 　A : 프로그램을 만들다 , 사람　　B : 노래 동아리

② 　A : 노래를 부르다 , 사람　　　　B : 리자 씨

③ 　A : 사진을 찍다 , 사람　　　　　B : 저

사회를 보다　司会をつとめる
프로그램　　プログラム

4. 르変則

❖ 르変則は、「르」で終わる用言に「아／어」が続くと、「ㅡ」が脱落し、「르」直前の文字に「ㄹパッチム」が加えられることを言う。

❖ そして「르」直前の母音が「ㅏ, ㅗ」であれば「아」→「ㄹ라」
　　　　　　　　　　　　　「ㅏ, ㅗ以外」であれば「어」→「ㄹ러」と変化する。

❖ 늘르다 (立ち寄る)、따르다 (従う)、지르다 (支払う) は으変則 !!!

❖ 푸르다 (青い)、이르다 (至る)、노르다 (黄金色だ)、누르다 (黄色い) は러変側 !!!

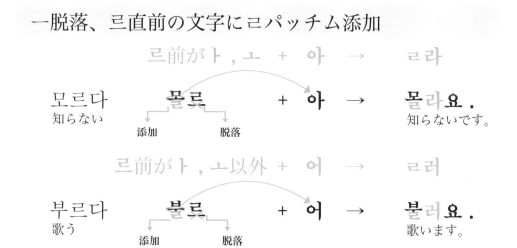

一脱落、르直前の文字にㄹパッチム添加

르前がㅏ, ㅗ ＋ 아 → ㄹ라

모르다　　　몰ㄹ　　　　＋　아　→　몰라요.
知らない　　　　　　　　　　　　　　　　　知らないです。
　　　　　　添加　　脱落

르前がㅏ, ㅗ以外 ＋ 어 → ㄹ러

부르다　　　불ㄹ　　　　＋　어　→　불러요.
歌う　　　　　　　　　　　　　　　　　　歌います。
　　　　　　添加　　脱落

表現4　「르」で終わる用言を使って話してみましょう。 CD-54

A: 노래를 잘 불러요?　　　B: 노래를 잘 불러요.

신칸센	新幹線
빠르다	速い
고양이를 기르다	猫を飼う
머리를 자르다	髪を切る

例　AB : 노래를 잘 부르다　①　AB : 신칸센은 빠르다

②　AB : 고양이를 기르다　③　AB : 머리를 자르다

1. 例のように「으 / 려고 하다」を入れて文を作ってみましょう。

장래 서울에서 살다 →　장래 서울에서 살려고 해요.

将来ソウルで暮らす　　　　将来ソウルで暮らそうと思います。

(1) 승마 동아리에 가입하다　乗馬サークルに加入する

→

....

(2) 카페를 빌려서 생일 파티를 열다　カフェを借りて誕生日パーティーを開く

→

....

(3) 힘들던 일은 빨리 잊다　辛かったことは早く忘れる

→

....

2. 例のように「기로 하다」を入れて文を作ってみましょう。

떡볶이 , 김밥 , 호떡을 팔다　→　떡볶이 , 김밥 , 호떡을 팔기로 했어요.

トッポッキ、のり巻き、ホットクを売る　　トッポッキ、のり巻き、ホットクを売ることにしました。

(1) 내년에는 공무원 시험을 보다　来年（に）は公務員試験を受ける

→

....

(2) 매년 건강 진단을 받다　毎年健康診断を受ける

→

....

(3) 부모님께 매주 전화를 걸다　ご両親に毎週電話をかける

→

....

3. 次の用言と名詞の間に適切な未来連体形を入れてみましょう。

未来連体形	動・存・形 パッチム有　　　＋을 　　　　　パッチム無、ㄹ(脱) ＋ㄹ＋名詞 名詞　　　　　　　　　　＋일
관람하다 観覧する / 연극 演劇	관람할 연극
같이 노래하다 一緒に歌う / 사람 人	
점심 먹다 昼飯を食べる / 시간 時間	
내일 열다 明日開く / 파티 パーティー	
교통이 붐비다 渋滞する / 시간 時間	
제일 바쁘다 一番忙しい / 때 時	
친구를 돕다 友達を手伝う / 예정 予定	
선생님이다 先生だ / 남동생 弟	
운동 선수이다 運動選手だ / 사촌 いとこ	

4. 次のㄹ変則用言に各語尾を接続してみましょう。

用言文・基本形 ＊基本形の「다」 の直前の母音を見る	아서 / 어서 ㅏ,ㅗ / ㅏ,ㅗ以外 〜ので、〜て	아요 / 어요 ㅏ,ㅗ / ㅏ,ㅗ以外 〜です・ます	았어요 / 었어요 ㅏ,ㅗ / ㅏ,ㅗ以外 〜でした・ました
모르다　知らない	몰라서	몰라요	몰랐어요
다르다　違う、異なる			
빠르다　速い、早い			
부르다　歌う、呼ぶ			
오르다　上る、登る			
고르다　選ぶ			
흐르다　流れる			
기르다　育てる			
누르다　押す			
자르다　切る			
나르다　運ぶ			
배부르다 腹いっぱいだ			
서두르다 急ぐ			

5. 次の文を韓国語に訳しましょう。

(1) 来年からピアノを学ぼうと思います。

→

....

(2) 大学の 4 年間、教員免許証を取ることにしました。

→

....

(3) 私と一緒に映画を見に行く人はいませんか。

→

....

4 년동안　　　4年間
교원 면허증　教員免許証

1. 会話文を日本語に訳してみましょう。

리자 　여러분 , 문화제 때 동아리에서 뭐 해요 ?

　　　저는 ①캐리커처를 그리려고 해요 .

은지 　유학생회에서 ②프리허그를 하기로 했어요 .

　　　③말로 표현할 수 없는 정을 나누고 싶어요 .

민수 　저는 ④사진 전시회에 출품하려고 해요 .

히로 　우리는 ⑤노래 자랑 대회를 해요 . 혹시 참가할 사람 없어요 ?

민수 　이왕이면 다 같이 ⑥노래 불러요 .

2. 上記の①から⑥を入れ替えて話してみましょう。

① 연극 공연에 출연하려고 해요 .　　　演劇公演に出演しようと思います。

② 떡볶이 , 김밥 , 호떡을 팔기로 했어요 .　トッポッキ、のり巻き、ホットクを売ることにしました。

③ 맛있을 거예요 .　　　　　　　　　おいしいと思います。

④ 보드 게임을 하려고 해요 .　　　　　ボードゲームをしようと思います。

⑤ 축구　　　　　　　　　　　　　サッカー

⑥ 참가해요 .　　　　　　　　　　参加しましょう。

여러분 皆さん			
문화제 文化祭			
캐리커처 カリカチュア			
그리려고 해요 描こうと思います			
유학생회 留学生会			
프리허그 フリー・ハグ			
하기로 했어요 することにしました			
말 言葉			
표현할 수 없는 表現できない			
정 情			
나누고 싶어요 分かち合いたいです			
전시회 展示会			
출품 出品			
노래 자랑 대회 のど自慢大会			
참가할 参加する			
이왕이면 どうせなら			
다 全員			
불러요 歌いましょう			

8　大学のサークル（대학 동아리）

독서 동아리
読書サークル

연극 동아리
演劇サークル

합창 동아리
合唱サークル

식물 재배 동아리
植物栽培サークル

댄스 동아리
ダンスサークル

사진 동아리
写真サークル

테니스 동아리
テニスサークル

미술 동아리
美術サークル

광고 동아리
広告サークル

만화 동아리
マンガサークル

요리 동아리
料理サークル

체육 동아리
体育サークル

第 9 課　어떤 아르바이트하고 있어요?

CD-56

민수　요즘 어떤 아르바이트하고 있어요?

리자　편의점이요. 민수 씨는 어때요?

민수　방송국에서 편집 보조를 하고 있어요.

　　　그런데 알바를 하나 더 해야 될 것 같아요.

리자　왜요? 방송국이면 시급도 높지 않아요?

민수　돈을 모아서 유럽 여행을 가기로 했어요.

리자　유럽이요? 저도 같이 가도 돼요?

민수　홀로서기에 도전하는 배낭 여행인데요…

発音・語彙

連音化 편**의**점**이**요　　　방송**국에**서　　　방송**국이**면　　　돈을
[ㄴ저ㅁ ni dʒɔ mi]　　[구게 gu ge]　　[구기 gu gi]　　[도늘 to nɯl]

ㄴの添加・鼻音化 유**럽 여**행
[유럽 녀행 → 유럼 녀행 ju rɔm njɔ hɛŋ]

편의섬 [펴니점 pʰjɔ ni dʒɔm]	コンビニエンスストア
*連音化：ㄴ＋ㅇ＝↗ㄴ	
이요 / 요 [i jo/jo]	〜です、〜ですね
	前述した内容を受け、その部分を繰り返さず省略する時に使う。助詞、語尾、副詞、体言などの後に丁寧を表す「이요 / 요」をつけてまとめる。 【文法 1】
어때요 ? [ɔ ʔtɛ jo]	どうですか、いかがですか
	基 어떻다 (どうだ) ㅎ 変則
방송국 [paŋ soŋ guk]	放送局
편집 [pjɔn dʒip]	編集
보조 [po dʒo]	補助
알바 [al ba]	「아르바이트 アルバイト」の略語
	若者の間でよく使われている言葉。
해야 되다 [hɛ ja dwe da]	しなければならない 【文法 2】
	「基 하다 する」＋「아 / 어야 되다 〜なければならない」
될 것 같아요 [될껃 까타요 twel ʔkɔt ʔka tʰa jo]	なりそうです 【文法 3】
*濃音化 3：語尾ㄹ＋ㄱ＝ㄹ＋ㄲ	「基 되다 なる」＋「을 / ㄹ 것 같다 〜 (ㄴ) そうだ」＋「아 / 어요 〜です」
*濃音化 1：ㄷ (ㅅの代表音) ＋ㄱ＝ㄷ＋ㄸ	
*連音化：ㅌ＋ㅇ＝↗ㅌ	
시급 [si gɯp]	時給
높지 않아요 ? [놉찌 아나요 nop ʔtʃi a na jo]	高くありませんか
*濃音化 1：ㅂ (ㅍの代表音) ＋ㅈ＝ㅂ＋ㅉ	「基 높다 高い」＋「지 않다 〜でない」＋「아요 / 어요 〜です」
*連音化：ㅀ＋ㅇ＝ㅎ↗	
가기로 했어요	行くことにしました 【文法 2】
[가기로 해써요 ka gi ro hɛ ʔsɔ jo]	「基 가다 行く」＋「기로 하다 〜 (する) ことにする」＋「했어요 〜ました」
*連音化：ㅆ＋ㅇ＝↗ㅆ	
가도 돼요 ? [ka do dwe jo]	行ってもいいですか 【文法 4】
	「基 가다 行く」＋「아 / 어도 되다 〜 (ㄴ) てもいい」＋「아 / 어요 〜です」
홀로서기 [hol lo sɔ gi]	独り立ち
	基 홀로 서다 (一人で立つ)
도전하는 [to dʒɔn (h)a nɯn]	挑戦する
	「基 도전하다 挑戦する」＋「는 〜する 現在連体形」
배낭 여행 [배낭녀행 pɛ naŋ njɔ hɛŋ] 背囊旅行	バックパッカー (backpacker)
*ㄴの添加：ㅇ＋여＝ㅇ＋녀	低予算で海外を個人で自由に旅行する旅行者のことを指す言葉。

文法と表現

1. **ㅎ変則** 〔変則〕
2. **用言＋아 / 어야 되다（하다）** ～（し）なければいけない 〔義務〕
3. **用言＋을 / ㄹ 것 같다** ～（し）そうだ 〔未来形・推測〕
4. **用言＋아 / 어도 되다** ～（し）てもよい、～（し）ても構わない 〔許可〕

1. ㅎ変則 〔変則〕

❖ ㅎ変則は、그렇다（そうだ）、어떻다（どうだ）のように「ㅎ」で終わるすべての形容詞（좋다（よい）以外）に「으」と「아 / 어」で始まる語尾が続くと不規則に活用することを言う。

❖ その時「パッチムㅎ」が脱落し、「ㅎ＋으→ナシ」、「ㅎ＋아 / 어→ㅐ」になる。

❖ 形容詞の좋다（よい）、動詞の낳다（産む）、놓다（置く）、닿다（着く）などは規則的に活用する。

❖ 하얗다（白い）、부옇다（ぼやけている）は「아 / 어」が続くと「ㅐではなく ㅒ」となるので要注意 !!!
　　例　하얗다＋아요→　하얘요 白いです　부옇다＋어요→　부예요 ぼやけています

으で始まる語尾が続く場合　　ㅎ　＋　으　→　ナシ
어떻다 どうだ　　　　　　　　　　어떻 ＋ 으 / ㄴ → 어떤 どんな
　　　　　　　　　　　　　　　　パッチムが脱落→「으」も脱落。

아 / 어で始まる語尾が続く場合 ㅎ ＋　아 / 어 → ㅐ
그렇다 そうだ　　　　　　　　　　그렇 ＋ 어요 → 그래 요 そうです
　　　　　　　　　　　　　「다」直前の母音がㅏ, ㅗでも、それ以外でも構わない

CD-57

表現 1　「ㅎパッチム」で終わる用言を使って話してみましょう。

A: 어떤 색을 좋아해요 ?　　　　　　B: 하얀 색이요 .

例　A：어떤 색을 좋아하다　　B：하얗다＋색이요

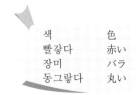

색	色
빨갛다	赤い
장미	バラ
동그랗다	丸い

① A：어떤 꽃을 좋아하다　　B：빨갛다＋장미요
② A：어제 친구를 만났다　　B：그렇다＋았 / 었어요
③ A：얼굴이 길다　　　　　　B：동그랗다＋아 / 어요

2. 用言＋아 / 어야 되다 (하다)　～ (し) なければいけない〔義務〕

❖ 必ずしなければならない義務的な行為やそうあるべき状態を表す時に用いる。

❖ 「아 / 어야 되다」は会話体、「아 / 어야 하다」は文体でよく使われる。

❖ 語幹末 (「다」の直前) の母音が「ㅏ , ㅗ」の場合は「아야 되다」、「ㅏ , ㅗ以外」の場合は「어야 되다」をつける。

❖ 指定詞は、名詞の最後の文字がパッチム有りの場合「이어야 되다」、パッチム無しの場合は「여야 되다」となる。

動詞・存在詞・形容詞

陽母音語幹 ㅏ , ㅗ　　　　＋아야 되다 (하다)

일어나다 起きる　　　　일찍 일어나야 돼요 . 早く起きなければいけません。

陰母音語幹 ㅏ , ㅗ以外　　＋어야 되다 (하다)

벗다 脱ぐ　　　　　　　신발을 벗어야 돼요 . 靴を脱がなければなりません。

指定詞

名詞　パッチム有　　　　＋이어야 되다 (하다)

학생이다 学生だ　　　　할인은 학생이어야 돼요 . 割引は学生でなければいけません。

名詞　パッチム無　　　　＋여야 되다 (하다)

실내이다 室内だ　　　　수업은 실내여야 돼요 . 授業は室内でなければいけません。

表現 2　「고 싶다」と「아 / 어야 되다」を使って話してみましょう。

CD-58

A: 살을 빼고 싶어요 .

B: 다이어트를 해야 돼요 .

123

例	A：살을 빼다	B：다이어트를 하다
①	A：여행을 가다	B：계획을 세우다
②	A：수영하다	B：수영복을 입다
③	A：쇼핑하다	B：돈이 있다

살을 빼다	やせる
계획을 세우다	計画を立てる
수영하다	泳ぐ、水泳する
수영복	水着

3. 用言＋을／ㄹ 것 같다　　　～（し）そうだ 〔未来形・推測〕

❖ 未来連体形（을／ㄹ）につき、様々な状況からこれからの行動や状態を推測及び判断する時使われる。

❖ 語幹末（「다」の直前）がパッチム有りの場合「을 것 같다」、パッチム無しとパッチムㄹ（脱）の場合「ㄹ 것 같다」がつく。

❖ ただし、指定詞の場合は「일 것 같다」となる。

用言語幹　パッチム有　＋　을 것 같다

많다 多い　　　　사람들이 많을 것 같아요.　人々が多そうです。

用言語幹　パッチム無　＋　ㄹ 것 같다
　　　　　パッチムㄹ（脱）

오다 降る　　　오후에 비가 올 것 같아요.　午後に雨が降りそうです。
알다 知る　　　내일이면 알 것 같아요.　明日だと分かるそうです。

CD-59

表現3　次の人について「을／ㄹ 것 같다」を使って推測してみましょう。

A: 주말에 스키장에 갈 거에요.　　B: 눈이 올 것 같아요.

例	B：눈이 오다	①	B：교통이 불편하다
②	B：사람들이 많다	③	B：경치가 너무 좋다

교통이 불편하다	交通が不便だ
경치	景色

4. 用言＋아 / 어도 되다 　～（し）てもよい、～（し）ても構わない〔許可〕

❖ 用言の語幹について許可を出したり、求めたりする時に使われる。

❖ 「아 / 어도 괜찮다 (～ても大丈夫だ)」、「아 / 어도 좋다 (～てもよい)」、「아 / 어도 상관없다 (～ても構わない)」などもよく用いられる。

❖ 語幹末 (「다」の直前) の母音が「ㅏ , ㅗ」の場合は「아도 되다」、「ㅏ , ㅗ以外」の場合は「어도 되다」をつける。

用言 陽母音語幹 ㅏ , ㅗ	＋ 아도 되다	
들어가다 入る	방에 들어 가도 돼요 ?	部屋に入ってもいいですか。

用言 陰母音語幹 ㅏ , ㅗ以外	＋ 어도 되다	
피우다 吸う	담배를 피워도 돼요 ?	タバコを吸ってもいいですか。

表現 4　「아 / 어도 되다」を使って経験について話してみましょう。

CD-60

A: 텔레비전을 봐도 돼요 ?　　　B: 네 , 봐도 돼요 .

例　A : 텔레비전을 보다　　B : 네 , 보다

① A : 벤치에 앉다　　　　B : 네 , 앉다

② A : 도시락을 먹다　　　B : 네 , 먹다

③ A : 라디오를 틀다　　　B : 네 , 틀다

벤치　　　　　벤치
라디오를 틀다　ラジオをつける

125

1. 次の ㅎ 変則用言に各語尾を接続してみましょう。

ㅎ変則用言 *基本形の「다」 の直前の母音を見る	現在連体形 은 / ㄴ ㅎパッチム＋으→ナシ ～する、～い、～な	現・해요体 아요 / 어요 ㅎパッチム＋아 / 어→ㅐ ～です・ます	過・해요体 았어요 / 었어요 ㅎパッチム＋아 / 어→ㅐ ～でした・ました
그렇다　そうだ	그런	그래요	그랬어요
이렇다　こうだ			
저렇다　ああだ			
어떻다　どうだ			
하얗다　白い			
부옇다　ぼやけている			
노랗다　黄色い			
파랗다　青い			
까맣다　黒い			
동그랗다　丸い			
좋다　よい			
낳다　産む			
놓다　置く			
닿다　着く			

2. 例のように「아 / 어야 되다 (하다)」を入れて文を作ってみましょう。

오늘은 빨리 집에 가다 › 오늘은 빨리 집에 가야 돼요.
今日は早く家に帰る　　　　今日は早く家に帰らなければいけません。

(1) 교통 규칙을 잘 지키다　　交通規則をきちんと守る

→

(2) 화가 나도 참다　　　　腹が立っても我慢する

→ ....

(3) 서로의 사랑을 믿다　　　互いの愛を信じる

→ ....

3. 例のように「을/ㄹ 것 같다」を入れて文を作ってみましょう。

　알바를 하나 더 해야 되다　→　알바를 하나 더 해야 될 것 같아요 .
　アルバイトをもう一つしなきゃいけない　アルバイトをもう一つしなければいけなさそうです。

(1) 이번 겨울은 춥다　　　　今度の冬は寒い

→ ....

(2) 피곤해서 죽다　　　　　疲れて死ぬ

→ ....

(3) 이 비스킷은 너무 달다　　このビスケットは甘すぎる

→ ....

　　　　　　　　　　　　　　　　　　　　　▶ 으/면 되다 ≠ 으/면 안 되다
　　　　　　　　　　　　　　　　　　　　　　～ればよい　　　～てはいけない
4. 例のように「아/어도 되다」と「으/면 안 되다」を入れて文を作ってみましょう。

　저도 가다 / 가다　→　　저도 가도 돼요 ?　　가면 안 돼요 .
　私も行く　　行く　　　　私も行ってもいいですか。　行ってはいけません。

(1) 여기서 담배를 피우다 ここではタバコを吸う / 피우다 吸う

→ ....

(2) 내일 좀 늦다 明日少し遅れる / 늦다 遅れる

→ ....

(3) 이 강의를 녹음하다 この講義を録音する / 녹음하다 録音する

→

....

5. 次の文を韓国語に訳しましょう。

(1) タバコをやめなければなりません。

→

....

(2) 私達が別れたら心が痛みそうです。

→

....

(3) お先に失礼してもよろしいでしょうか。

→

....

실례하다　　　失礼する

1. 会話文を日本語に訳してみましょう。

민수 요즘 어떤 아르바이트하고 있어요 ?

리자 ①편의점이요 . ②민수 씨는 어때요 ?

민수 ③방송국에서 편집 보조를 하고 있어요 .

　　　그런데 알바를 하나 더 해야 될 것 같아요 .

리자 왜요 ? ④방송국이면 시급도 높지 않아요 ?

민수 돈을 모아서 ⑤유럽 여행을 가기로 했어요 .

리자 ⑤유럽이요 ? 저도 가도 돼요 ?

민수 홀로서기에 도전하는 배낭 여행인데요 ……

2. 上記の①から④を入れ替えて話してみましょう。

① 맥도널드　　　　　　　　　　　マクドナルド

② 相手の名前

③ 한국어 번역　　　　　　　　　　韓国語の翻訳

④ 번역이면 수입이 많지 않아요 ?　翻訳なら収入が多くないですか

⑤ 세계 일주　　　　　　　　　　　世界一周

편의점 コンビニ				
어때요？ どうですか				
방송국 放送局				
편집 編集				
보조 補助				
아르바이트 アルバイト				
해야 되다 しなければならない				
될 것 같아요 なりそうです				
시급 時給				
높지 않아요？ 高くないですか				
가기로 했어요 行くことにしました				
가도 돼요？ 行ってもいいですか				
홀로서기 一人立ち				
배낭 여행 バックパッカー				

9　大学生のアルバイト（대학생 아르바이트）

커피 전문점
コーヒー専門店

햄버거 전문점
ハンバーガー専門店

라면집
ラーメン屋

편의점
コンビニ

피자 배달
ピザ配達

주유소
ガソリンスタンド

레스토랑
レストラン

주점
居酒屋

주차 안내
駐車案内

홈페이지 작성
ホームページ作成

꽃 집
花屋

옷 가게
洋服屋

第10課　아무것도 못 들었는데요.

은지　민수 선배 얘기 들었어요?

히로　아뇨, 아무것도 못 들었는데요.

은지　취직이 돼서 한국으로 귀국하는 것 같아요.

리자　정말이요? 그럼 송별회를 해야죠.

히로　민수 씨한테는 비밀로 깜짝 송별회를 열어요.

리자　저는 송별회 할 장소를 알아 볼게요.

은지　다른 친구들한테는 제가 연락할게요.

히로　그런데 민수 씨가 우리를 잊진 않겠죠!?

発音・語彙

濃音化・連音化・鼻音化　**못 들었**는데요
[몯뜨런 mot ˀtɯ rɔn]

連音化　　**취직이**　　　　**한국으로**　　　　**정말이**요？　　　　**열어**요
　　　　[지기 dʒi gi]　　[구그 gu gɯ]　　[마리 ma ri]　　[여러 jɔ rɔ]

애기 [jɛ gi]	「이야기（話し）」の略語	
들었어요? [드러써요 dɯ rɔ ˀsɔ jo]	聞きましたか	【文法1】
		基 듣다 聞く
*連音化：ㄹ＋ㅇ＝↗ ㄹ、ㅆ＋ㅇ＝↗ ㅆ		
아무것도 [아무걷또 a mu gɔt ˀto]	何も	
*濃音化1：ㄷ（ㅆの代表音）＋ㄷ＝ㄷ＋ㄸ	どれかひとつを特定しないですべて否定する言葉で、後に否定的表現を伴う。	
못 [mot]	～できない	【文法2】
취직 [tʃʰwi dʒik]	就職	
이 돼서 [i dwe sɔ]	～になって	
	「이/가 되다 ～になる」＋「아/어서 ～ので」	
귀국 [kwi guk]	帰国	
하는 것 같아요	するようです	【文法3】
[하는 걸 까타요 ha nɯn gɔt ˀka tʰa jo]	「基하다 する」＋「는 것 같다 ～（する）ようだ」	
*濃音化1：ㄷ（ㅆの代表音）＋ㄱ＝ㄷ＋ㄲ		
*連音化：ㅌ＋ㅇ＝↗ ㅌ		
송별회 [soŋ bjɔ (h)rwe]	送別会	
해야죠 [hɛ ja dʒjo]	しなくちゃいけません	
	「해야 하지요」の縮約形	
	「基하다 する」＋「아/어야 하다 ～なければならない」	
	＋「지요 ～でしょう」	
비밀 [pi mil]	秘密	
깜짝 [ˀkam ˀtʃak]	びっくりする様子	
할 [hal]	（これから）する	
	「基하다 する」＋「을/ㄹ ～する～ 未来進行形」	
장소 [tʃaŋ so]	場所	
알아 볼게요 [아라볼게요 a ra bol ˀke jo]	調べてみます	【文法4】
*連音化：ㄹ＋ㅇ＝↗ ㄹ	「基알다 知る」＋「아/어 보다 ～（し）てみる」＋「을/ㄹ게요 ～（し）ます」	
*濃音化3：語尾ㄹ＋ㄱ＝ㄹ＋ㄲ		
연락할게요 [열라칼게요 jɔl la kʰal ˀke jo]	連絡します	
*流音化：ㄴ＋ㄹ＝ㄹ＋ㄹ	「基연락하다 連絡する」＋「을/ㄹ게요 ～（し）ます」	
*激化：ㄱ＋ㅎ＝ない＋ㅋ		
*濃音化3：語尾ㄹ＋ㄱ＝ㄹ＋ㄲ		
잊진 않겠죠 [일찐 안켇쵸 it ˀtʃin an kʰet ˀtʃjo]	忘れはしませんよね	
*濃音化1：ㄷ（ㅈの代表音）＋ㅈ＝ㄷ＋ㅉ	「基잊다 忘れる」＋「지（는）않다 ～ではない」＋「겠 未来推測」＋「지요 ～でしょう」	
*激化：ㅎ＋ㄱ＝ㅎ＋ㅋ		
*濃音化1：ㄷ（ㅆの代表音）＋ㅈ＝ㄷ＋ㅉ		

文法と表現

1. ⊏変則 〔変則〕

❖ ⊏変則は、「⊏」で終わる用言に「으」と「아 / 어」で始まる語尾が続くと不規則に活用することを言う。

❖ その時「パッチム⊏→ㄹ」に変化し、「⊏＋으→ㄹ으」、「⊏＋아 / 어→ㄹ아 / 어」になる。

❖ ただし、굳다（固い）、닫다（閉める）、묻다（埋める）、믿다（信じる）、받다（受け取る）などのように規則活用するものがある。

으で始まる語尾が続く場合	⊏ ＋ 으	→ ㄹ으
듣다 聞く	듣 ＋ 으면	→ 들으면 聞けば
아で始まる語尾が続く場合	⊏ ＋ ㅏ, ㅗ	→ ㄹ아
깨닫다 悟る	깨닫 ＋ 아요	→ 깨달아요 悟ります
아で始まる語尾が続く場合	⊏ ＋ ㅏ, ㅗ以外	→ ㄹ어
걷다 歩く	걷 ＋ 어요	→ 걸어요 歩きます

CD-63

表現 1 「⊏パッチム」で終わる用言を使って話してみましょう。

A: 제 짐 어떻게 됐어요?

B: 택시에 실었어요.

例　A：제 짐 어떻게 됐다　　　　B：택시에 싣다
① A：주차장을 어떻게 찾았다　　B：안내데스크에서 묻다
② A：학교까지 어떻게 갔다　　　B：10분 정도 걷다
③ A：한국어를 어떻게 공부했다　B：선생님 말씀을 잘 듣다

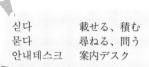

싣다　　　載せる、積む
묻다　　　尋ねる、問う
안내데스크　案内デスク

2. 못＋動詞・存在詞　　～できない、～（ら）れない　〔不可能〕
　　動詞・存在詞＋지 못하다

❖ 動詞と存在詞の있다の前に「못」がおかれ、その動作を否定する。

❖「안」が自らしないのに対し、**「못」はしたくてもできない**という意味を表す。

❖「**하다**」用言は、「**안**」と同様「**못**」を「**하다**」の直前に入れるので要注意!!!

　例「名詞＋못＋하다」　못 공부하다（×）　공부 못하다（○）

❖ 用言の後ろにつける場合「**지 못하다（～できない）**」になる。

못　＋　動詞・存在詞

먹다 食べる　　못　＋　먹다　　　→못 먹습니다. 食べられません。

動詞・存在詞語幹　＋　지 못하다

먹다 食べる　　먹　＋　지 못하다→먹지 못합니다. 食べられません。

하다用言　　名詞　＋　못　＋　하다

전화하다　　전화　＋　못　＋　하다　→　전화 못해요.
電話する　　　　　　　　　　　　　　　　　　電話できません。

動詞・存在詞語幹　＋　지 못하다

전화하다　　전화하　＋　지 못하다　　→　전화하지 못해요.
電話する　　　　　　　　　　　　　　　　　　電話できません。

❖「안」と「못」の使い方や意味を比較すると以下のようである。

意味	～ない	～できない
用言の前 話し言葉	안＋動詞・存在詞 안 먹어요.　　食べません。	못＋動詞・存在詞 못 먹어요.　　食べられません。
用言の後 書き言葉	動詞・存在詞＋지 않다 먹지 않아요.　食べません。	動詞・存在詞＋지 못하다 먹지 못해요.　食べられません。
하다用言 하다の直前	名詞＋안＋하다 공부 안 해요.　勉強しません。	名詞＋못＋하다 공부 못해요.　勉強できません。

表現 2　　「을 / ㄹ 수 있다」と「못」を使って話してみましょう。

A: 축구를 할 수 있어요?　　　　B: 축구를 못해요.

例　AB : 축구를 하다
① 　AB : 낫토를 먹다
② 　AB : 수영하다
③ 　AB : 무거운 짐을 들다

낫토	納豆
무거운	重い
짐을 들다	荷物を持つ

3. 動詞・存在詞＋는 것 같다　　〜（する）ようだ　〔現在形・推測〕
　　動詞＋은 / ㄴ 것 같다　　〜（する）らしい
　　指定詞＋인 것 같다　　　　〜らしい

❖ 現在連体形（는 / 은 / ㄴ / 인）について色々な状況から現在の動作や状態を推測及び判断する時使われる。

❖ 動詞・存在詞の語幹にはそのまま「는 것 같다」つくが、パッチムㄹは脱落する。

❖ 形容詞の語幹にはパッチム有りの場合「은 것 같다」、パッチム無しとパッチムㄹ（脱落）の場合「ㄴ 것 같다」がつく。

❖ 指定詞の場合、名詞の後に「인 것 같다」がつく。

現在形
動詞・存在詞語幹　　＋　는 것 같다
パッチムㄹ(脱)

있다 ある　　　　약속이 있는 것 같아요. 約束があるようです。
울다 泣く　　　　속상해서 우는 것 같아요. 悔しくて泣いているようです。

形容詞語幹　パッチム有 + **은 것 같다**

덥다 暑い　　　　　**날씨가 더**운 것 같아요. 天気が暑いようです。
└ㅂ変則 덥 + 은 → 더운

形容詞語幹　パッチム無 + **ㄴ 것 같다**
　　　　　　パッチムㄹ (脱)

서투르다 下手だ　**영어가 서투른** 것 같아요. 英語が下手なようです。
힘들다 大変だ　　**일이 좀 힘든** 것 같아요. 仕事がちょっと大変なようです。

指定詞　　　　　　　名詞 + **인 것 같다**

겨울이다 冬だ　　**벌써 겨울**인 것 같아요. すでに冬のようです。

表現 3　次の人について「는 / 은 / ㄴ / 인 것 같다」を使って推測してみましょう。

CD-65

A: 지금 뭘 하는 것 같아요 ?　　　　　B: 그림을 그리는 것 같아요 .

例　A : 지금 뭐 하다　　　B : 그림을 그리다
① 　A : 뭘 그리다　　　　B : 후지산
② 　A : 어디에 있다　　　B : 하코네에 있다
③ 　A : 날씨는 춥다　　　B : 춥다

후지산　富士山

4. 動詞＋아 / 어 보다   ～（し）てみる   〔経験〕

❖動詞の語幹につき、今までやっていなかったことを試してみる、経験してみる時に使う。

❖語幹末（「다」の直前）の母音が ㅏ , ㅗ の場合「아 보다」、ㅏ , ㅗ 以外の場合「아 보다」がつく。

動詞　陽母音語幹ㅏ , ㅗ ＋ **아 보다**

가다　　　**제주도에 꼭 한 번 가** 보세요 .
行く　　　済州島へぜひ一度行ってみてください。

動詞　陰母音語幹ㅏ , ㅗ以外 ＋ **어 보다**

듣다　　　**리자 씨 , 케이 팝 들**어 봤어요 ?
聞く　　　リザさん、K-POP 聞いてみましたか？

CD-66

表現 4　「아 / 어 보다」を使って経験について話してみましょう。

A: 한복을 입어 봤어요 ?　　　　B: 아직 못 입어 봤어요 .

例　A : 한복을 입다　　　B : 아직 못 입다

① A : 찜질방에 가다　　　B : 아뇨 , 못 가다

② A : 민속촌 (을) 구경하다　B : 네 , 구경하다

③ A : 짜장면 (을) 먹다　　B : 네 , 먹다

한복	韓服
구경하다	見物する
짜장면	ジャージャー麺

1. 次の ㄷ 変則用言に各語尾を接続してみましょう。

ㄷ 変則用言 *基本形の「다」 の直前の母音を見る	条件 으면 / 면 ㄷパッチム＋으→ㄹ으 〜れば、〜たら	現・해요体 아요 / 어요 ㄷパッチム＋아 / 어→ ㄹ아 / ㄹ어 〜です・ます	過・해요体 았어요 / 었어요 ㄷパッチム＋아 / 어→ ㄹ았 / ㄹ었 〜でした・ました
듣다　聞く	들으면	들어요	들었어요
묻다　尋ねる、問う			
걷다　歩く			
싣다　載せる、積む			
깨닫다　悟る			
엿듣다　盗み聞きする			
알아듣다　理解する			
닫다　閉める			
받다　受け取る			
믿다　信じる			
묻다　埋める			
얻다　得る			

2. 例のように次の質問に二通りの否定形で答えてみましょう。

왜 회사에 안 갔어요 ? / 배가 아프다 → 배가 아파서 회사에 못 갔어요 .
なぜ会社に行かなかったですか。お腹が痛い →　　배가 아파서 회사에 가지 못했습니다 .
お腹が痛くて会社に行けませんでした。

(1) 왜 더 안 먹어요 ? なぜもっと食べないのですか / 배가 부르다 お腹がいっぱい

→ ....

→ ....

(2) 왜 안 참았어요? なぜ我慢しなかったのですか / 화가 나다 怒る

→ ....

→ ....

(3) 왜 안 들어가요? なぜ入らないのですか / 표가 없다 チケットがない

→ ....

→ ....

3. 例のように「는 / 은 / ㄴ / 인 것 같다」を入れて文を作ってみましょう。

한국으로 귀국하다　　→　　한국으로 귀국하는 것 같아요.

韓国に帰国する　　　　　　　　韓国に帰国するそうです。

(1) 지금 수업 중이다 今は授業中だ

→ ....

(2) 이 소설은 별로 재미없다 この小説はあまり面白くない

→ ....

(3) 제 방은 너무 좁다 私の部屋は狭すぎる
ㅂ変則ではなく正則

→ ....

4. 例のように「아 / 어 보다」を入れて文を作ってみましょう。

송별회 할 장소를 알다 → 송별회 할 장소를 알아 보세요.

送別会（を）する場所を知る　　　送別会（を）する場所を調べてみてください。

(1) 케이 팝을 한 번 듣다 K-POP を一度聞く

→ ....

(2) 교토의 "철학의 길"을 걷다 　京都の哲学の道を歩く

→
....

→ アントニ・ガウディ

(3) 바르셀로나에서 가우디 작품을 만나다 　バルセロナでガウディの作品に出会う

→
....

5. 次の文を韓国語に訳しましょう。

(1) 新しいニュースを聞いたら知らせてください。

→
....

→ 지켰을 때と訳す

(2) 約束を守った時が最も幸せそうです。

→
....

(3) あのお客さんは赤い色のソファを探しているようです。

→
....

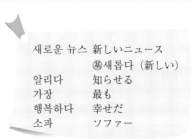

새로운 뉴스　新しいニュース
　　　　　　　圏새롭다（新しい）
알리다　　　知らせる
가장　　　　最も
행복하다　　幸せだ
소파　　　　ソファー

1. 会話文を日本語に訳してみましょう。

은지　①민수 선배 얘기 들었어요 ?

히로　아뇨 , 아무것도 못 들었는데요 .

은지　②취직이 돼서 한국으로 귀국하는 것 같아요 .

리자　정말요 ? 그럼 ③송별회를 해야죠 .

히로　①민수 씨한테는 비밀로 깜짝 ③송별회를 열어요 .

리자　저는 ③송별회 할 장소를 알아 볼게요 .

은지　다른 친구들한테는 제가 연락할게요 .

리자　그런데 ①민수 씨가 ④우리를 잊진 않겠죠 !?

2. 上記の①から④を入れ替えて話してみましょう。

① 카오리 씨　　　　　　　　　　　かおりさん

② 한국 대학원에 입학하는 것 같아요 .　韓国の大学院に入学するみたいです。

③ 입학 축하 파티　　　　　　　　　入学祝賀パーティー

④ 굉장히 기뻐하겠죠 !?　　　　　　ものすごく喜ぶはずでしょう。

애기 話				
들었어요 ? 聞きましたか				
아무것도 何も				
못 〜できない				
취직 就職				
이 돼서 〜になって				
귀국 帰国				
하는것 같아요 するようです				
송별회 送別会				
해야죠 しなくちゃいけません				
깜짝 びっくりする様子				
할 （これから）する				
장소 場所				
알아 볼게요 調べてみますよ				
연락할게요 連絡します				
잊진 않겠죠 忘れはしませんよね				

143

10 送別会の準備 (송별회 준비) CD-67

깜짝 송별회 준비 (びっくり送別会準備)

① 장소 예약 (리자)
  일시 2 월 22 일 pm7:00 - 9:00
  장소 CAFÉ EAN

② 안내장 발송 (은지)

③ 사회 및 진행 (히로)

④ 인테리어 및 이벤트용품 (유학생회)
  풍선 데코 , 현수막 , 폭죽 , 하트 안경 , 고깔 모자

⑤ 깜짝 이벤트 (은지 , 리자)
  축하 케이크 , 부케 , 영상 편지 , 노래

⑥ 음료 및 음식 (CAFÉ EAN)
  김치 , 오색 김밥 , 모듬떡 , 모듬전 , 야채 샐러드 ,
  과일 , 스파클링 , 탄산음료

付録 1　助詞

助詞	パッチム有	パッチム無
～は	은	는
～が	이	가
～を	을	를
～と	과 , 이랑	와 , 랑
～と		하고
～の		의
～も		도
～に		에
～には		에는
～で　（場所）		에서
～から（出発）		에서
～から（時間）		부터
～まで		까지
～より		보다

付録 2　疑問詞

몇		몇 + 数 지금 몇 시예요 ?
무엇 / 뭐	何	무엇 + 物質名詞 이것이 무엇이에요 ?/ 뭐예요 ?
무슨		무슨 + 非物質名詞 무슨 색을 좋아해요 ?
어느	どの	어느 나라 사람이에요 ?
어디	どこ	이디에 가요 ?
언제	いつ	생일이 언제예요 ?
왜	なぜ	왜 학교에 안 왔어요 ?
얼마	いくら	이 볼펜 얼마예요 ?
얼마나	どれぐらい	아즈기까지 얼마나 걸려요 ?
누구	誰	실례지만 , 누구세요 ?
누가	誰が	누가 절 불렀어요 ?

付録 3　指示詞

이 この		그 その		저 あの		어느 どの	
이것 これ	이거	그것 それ	그거	저것 あれ	저거	어느 것 どれ	어느 거
이것은 これは	이건	그것은 それは	그건	저것은 あれは	저건		
이것이 これが	이게	그것이 それが	그게	저것이 あれが	저게	어느 것이 どれが	어느 게
이것을 これを	이걸	그것을 それを	그걸	저것을 あれを	저걸	어느 것을 どれを	어느 걸
여기 ここ		거기 そこ		저기 あそこ		어디 どこ	
여기는 ここは	여긴	거기는 そこは	거긴	저기는 あそこは	저긴		
여기를 ここを	여길	거기를 そこを	거길	저기를 あそこを	저길	어디를 どこを	어딜

付録 4　数詞

	1	2	3	4	5	6	7	8	9	10
漢数詞	일 il	이 i	삼 sam	사 sa	오 o	육 juk	칠 tɕʰil	팔 pʰal	구 ku	십 ʃip
固有数詞	하나 ha na	둘 tul	셋 set	넷 net	다섯 ta sɔt	여섯 jɔ sɔt	일곱 il gop	여덟 jɔ dɔl	아홉 a hop	열 jɔl
固有数詞 の連体形	한 han	두 tu	세 se	네 ne						

	20	30	40	50	60	70	80	90	100	1000
漢数詞	이십 i ʃip	삼십 sam ʃip	사십 sa ʃip	오십 o ʃip	육십 juk ʔʃip	칠십 tɕʰil ʔʃip	팔십 phal ʔʃip	구십 ku ʃip	백 pɛk	천 tɕʰɔn
固有数詞	스물 sɯ mul	서른 sɔ rɯn	마흔 ma(h)ɯn	쉰 ʃ(w)i n	예순 je sun	일흔 i(h)lɯn	여든 jɔ dɯn	아흔 a(h)ɯn	백 pɛk	
固有数詞 の連体形	스무 sɯ mu									

付録 5　時計

지금 몇 시예요 ?
今何時ですか。

	1 時	2 時	3 時	4 時	5 時	6 時
固有数詞＋時（시）	한 시	두 시	세 시	네 시	다섯 시	여섯 시
	han si	tu si	se si	ne si	ta sot?si	jɔ sot?si
	7 時	8 時	9 時	10 時	11 時	12 時
	일곱 시	여덟 시	아홉 시	열 시	열한 시	열두 시
	il gop?si	jɔ dɔl?si	a hop?si	jɔl?si	jɔl han si	jɔl du si

	10 分	20 分	30 分	40 分	50 分	60 分
漢数詞＋分（분）	십 분	이십 분	삼십 분	사십 분	오십 분	육십 분
	sip?pun	i sip?pun	sam sip?pun	sa sip?pun	o sip?pun	juk sip?pun

付録 6　連体形

	基本形	現在	過去		未来
動詞	묵다 泊る 타다 乗る 살다 住む ㄹパッチム	～する、～している 動・存＋는＋名 우리가 묵는 호텔 버스를 타는 사람 가족이 사는 집 ㄹパッチム（脱）	～した 動パッチム 有＋은＋名 우리가 묵은 호텔 動パッチム 無＋ㄴ＋名 버스를 탄 사람 가족이 산 집 ㄹパッチム（脱）	回想 ～していた 動＋던＋名 우리가 묵던 호텔 버스를 타던 사람 가족이 살던 집	～べき、～であろう、～はずの 用言パッチム 有＋을＋名 우리가 묵을 호텔 서울에 있을 친구 필요가 없을 물건 사람이 많을 시간
存在詞	있다 ある / いる 없다 ない / いない	서울에 있는 친구 필요가 없는 물건	～だった 用言＋던＋名 서울에 있던 친구 필요가 없던 물건 사람이 많던 시간 꽃이 예쁘던 봄 굉장히 힘들던 일		用言パッチム 無＋ㄹ＋名 가족이 산 집 버스를 탄 사람 꽃이 예쁠 봄 굉장히 힘들 일 ㄹパッチム（脱）
形容詞	많다 多い 예쁘다 きれいだ 힘들다 大変だ ㄹパッチム	～い、～な 形・指パッチム有＋은＋名 사람이 많은 시간 形・指パッチム無＋ㄴ＋名 꽃이 예쁜 봄 굉장히 힘든 일 ㄹパッチム（脱）			
指定詞	이다 ～だ 아니다 ～でない	～（の）である 指定詞＋인＋名 고등학생인 사촌	～（の）であった 指定詞＋이던＋名 고등학생이던 사촌		指定詞＋일＋名 고등학생일 사촌

付録7　用言の現在形と過去形

		現在・丁寧	現在・尊敬形	過去・丁寧	過去・尊敬形
用言文	합니다체	습니다／ㅂ니다 パッチム 有／無, ㄹ (脱) 웃다 → 웃습니다 가다 → 갑니다 살다 → 삽니다	으십니다／십니다 パッチム 有／無, ㄹ (脱) 웃다 → 웃으십니다 가다 → 가십니다 살다 → 사십니다	았습니다／었습니다 ㅏ, ㅗ＝아／ㅏ, ㅗ以外＝어 하다＝했 (変則) 웃다 →웃었습니다 가다→가았→갔습니다 하다 → 하였→했습니다	으셨습니다／셨습니다 パッチム 有／無, ㄹ (脱) 웃다 →웃으셨습니다 가다 →가셨습니다 살다 → 사셨습니다
용言文	해요체	아요／어요 ㅏ, ㅗ＝아／ㅏ, ㅗ以外＝어 하다＝해 (変則) 웃다 → 웃어요 가다 → 가아→가요 하다 → 해요	으세요／세요 パッチム 有／無, ㄹ (脱) 웃다 → 웃으세요 가다 → 가세요 살다 → 사세요	았어요／었어요 ㅏ, ㅗ＝아／ㅏ, ㅗ以外＝어 하다＝했 (変則) 웃다 → 웃었어요 가다 → 가았→ 갔어요 하다 → 하였→했어요	으셨어요／셨어요 パッチム 有／無, ㄹ (脱) 웃다 → 웃으셨어요 가다 → 가셨어요 살다 → 사셨어요
名詞文	합니다체	名＋입니다 가방입니다 학교입니다	名＋이십니다／십니다 선생님이십니다 어머니십니다	名＋이었습니다／였습니다 パッチム 有／無 가방이었습니다 학교였습니다	名＋이셨습니다／셨습니다 パッチム 有／無 선생님이셨습니다 어머니셨습니다
名詞文	해요체	名＋이에요／예요 パッチム 有／無 가방이에요 학교예요	名＋이세요／세요 パッチム 有／無 선생님이세요 어머니세요	名＋이었어요／였어요 パッチム 有／無 가방이었어요 학교였어요	名＋이셨어요／셨어요 パッチム 有／無 선생님이셨어요 어머니셨어요

147

付録 8　変則用言の活用

用言	基本形	습니다 / ㅂ니다 パッチム 有 / 無，ㄹ (脱) ～です・ます	으세요 / 세요 パッチム 有 / 無，ㄹ (脱) ～をなさる ～てください	으면 / 면 パッチム 有 / 無，ㄹ (脱) ～れば、～たら
規則活用	찾다　探す 웃다　笑う 가다　行く 오다　来る 배우다　学ぶ 달리다　走る 전하다　伝える 되다　なる	찾습니다 웃습니다 갑니다 옵니다 배웁니다 달립니다 전합니다 됩니다	찾으세요 웃으세요 가세요 오세요 배우세요 달리세요 전하세요 되세요	찾으면 웃으면 가면 오면 배우면 달리면 전하면 되면
으変則 ①一脱 → ㅏ / ㅓ ②ー の前を見る ③1音節 → ㅓ	바쁘다　忙しい 예쁘다　きれいだ 크다　大きい	바쁩니다 예쁩니다 큽니다	바쁘세요 예쁘세요 크세요	바쁘면 예쁘면 크면
ㅂ変則 ①ㅂ + 으 → 우 ②ㅂ + 아 / 어 → 워 ③곱다 , 돕다 → 와 ④正則あり	가깝다　近い 맵다　辛い 돕다　助ける	가깝습니다 맵습니다 돕습니다	가까우세요 매우세요 도우세요	가까우면 매우면 도우면
ㄹ変則 ①ㅅ , ㅂ , 오 ,[ㄹ]ㄴ 　SPO[R]N → ㄹ脱 ②면 , ㄹ → ㄹそのまま	만들다　作る 힘들다　大変だ 멀다　遠い	만듭니다 힘듭니다 멉니다	만드세요 힘드세요 머세요	만들면 힘들면 멀면
르変則 ①르前ㅏ , ㅗ → ㄹ라 ②르前ㅏ , ㅗ以外ㄹ러 ③르用言でも으変則、러変 　則の場合あり	고르다　選ぶ 부르다　呼ぶ 빠르다　速い	고릅니다 부릅니다 빠릅니다	고르세요 부르세요 빠르세요	고르면 부르면 빠르면
ㅎ変則 ①ㅎ , 으 → 脱 ②ㅎ + 아 / 어 → ㅐ ③正則あり ④하얗다 , 부옇다 → 애	그렇다　そうだ 빨갛다　赤い 하얗다　白い	그렇습니다 빨갛습니다 하얗습니다	그러세요 빨가세요 하야세요	그러면 빨가면 하야면
ㄷ変則 ①ㄷ + 으 → ㄹ + 으 ②ㄷ + 아 / 어 → ㄹ + 아 / 어 ③正則あり	깨닫다　悟る 묻다　問う 듣다　聞く	깨닫습니다 묻습니다 듣습니다	깨달으세요 물으세요 들으세요	깨달으면 물으면 들으면

으니까 / 니까 パッチム 有 / 無, ㄹ(脱) ～ので、～から	아요 / 어요 ㅏ , ㅗ / , ㅏ, ㅗ以外 하다＝해 (変則) ～です・ます	았어요 / 었어요 ㅏ , ㅗ / , ㅏ, ㅗ以外 하다＝했 (変則) ～でした・ました	는 / 은 / ㄴ / 인 것 같아요 パッチム 有 / 無, ㄹ(脱) ～するようです	을 / ㄹ 거예요 パッチム 有 / 無, ㄹ(脱) ～するつもりです
찾으니까 웃으니까 가니까 오니까 배우니까 달리니까 전하니까 되니까	찾아요 웃어요 가요 와요 배워요 달려요 전해요 돼요	찾았어요 웃었어요 갔어요 왔어요 배웠어요 달렸어요 전했어요 됐어요	찾는 것 같아요 웃는 것 같아요 가는 것 같아요 오는 것 같아요 배우는 것 같아요 달리는 것 같아요 전하는 것 같아요 되는 것 같아요	찾을 거예요 웃을 거예요 갈 거예요 올 거예요 배울 거예요 달릴 거예요 전할 거예요 될 거예요
바쁘니까 예쁘니까 크니까	바빠요 예뻐요 커요	바빴어요 예뻤어요 컸어요	바쁜 것 같아요 예쁜 것 같아요 큰 것 같아요	바쁠 거예요 예쁠 거예요 클 거예요
가까우니까 매우니까 도우니까	가까워요 매워요 도와요	가까웠어요 매웠어요 도왔어요	가까운 것 같아요 매운 것 같아요 도우는 것 같아요	가까울 거예요 배울 거예요 도울 거예요
만드니까 힘드니까 머니까	만들어요 힘들어요 멀어요	만들었어요 힘들었어요 멀었어요	만드는 것 같아요 힘든 것 같아요 먼 것 같아요	만들 거예요 힘들 거예요 멀 거예요
고르니까 부르니까 빠르니까	골라요 불러요 빨라요	골랐어요 불렀어요 빨랐어요	고르는 것 같아요 부르는 것 같아요 빠른 것 같아요	고를 거예요 부를 거예요 빠를 거예요
그러니까 빨가니까 하야니까	그래요 빨개요 하얘요	그랬어요 빨갰어요 하얬어요	그런 것 같아요 빨간 것 같아요 하얀 것 같아요	그럴 거예요 빨갈 거예요 하얄 거예요
깨달으니까 물으니까 들으니까	깨달아요 물어요 들어요	깨달았어요 물었어요 들었어요	깨닫는 것 같아요 묻는 것 같아요 듣는 것 같아요	깨달을 거예요 물을 거예요 들을 거예요

한국어	日本語	페이지	한국어	日本語	페이지	한국어	日本語	페이지
다섯	五つ	35	**ㄹ**			몇	何（数）~	44
다시	また	44	ㄹ	~（す）べき~、~（する）はずの~	110,111	모두	皆、すべて	35
다이어트	ダイエット	80	ㄹ 것 같다	~（し）そうだ	122,124	모듬떡	餅盛り合わせ	144
닫다	閉める	18	ㄹ 수 없다	~（する）ことができない	98,99	모듬전	チヂミ盛り合わせ	144
달님	お月様	102	ㄹ 수 있다	~（する）ことができる	98,99	모르다	知らない	113
달다	甘い	45				모으다	集める	49
달리다	走る	19	ㄹ거예요	~（する）つもりです、~はずです	70	모이다	集まる	91
담배를 끊다	タバコをやめる	111	ㄹ게요	~（し）ますよ	98,101	모자	帽子	104
담배를 피우다	タバコを吸う	127	ㄹ래요	~（し）ます	56,59	모형	模型	60
당신	あなた	101	라고 하다	~という	41	목요일	木曜日	41
당일	当日、日帰り	92	라디오를 틀다	ラジオをつける	125	몸	体	20
닿다	着く	122	라면집	ラーメン屋	131	못	~できない、~られない	134,135
대나무	竹	64	라서 / 여서	~ので	58	무겁다	重い	58
대학생 (大學生)	大学生	12	라이브 카페	ライブ・カフェ	68	무섭다	怖い	61
대학원 (大學院)	大学院	35	러	~（し）に	70,74	무슨 일	何の仕事、何の事	27
대회	大会	109	런던	ロンドン	21	묵다	泊まる	60
댁	お宅	30	레스토랑	レストラン	131	문	門	76
댄스	ダンス	119	레슨	レッスン	111	문자	文字	53
더	もっと	104	려고 하다	~（し）ようと思う	110	문제	問題	91
던	~だった~	98,100	로	~で、~へ	69	문화센터	文化センター	76
덥다	暑い	58	로맨스카	ロマンスカー	92	문화제	文化祭	109
도나리노 토토로	となりのトトロ	11	를	~を	11	묻다	埋める	134
도서관	図書館	110	리무진	リムジン	84	묻다	問う、尋ねる	135
도시락	お弁当	15	리포트	レポート	47	뭐	何（무엇の略語）	14
도자기	陶磁器	107	**ㅁ**			뭘	何を（무엇をの略語）	49
도장을 찍다	ハンコを押す	63	마라톤	マラソン	111	뮤지컬	ミュージカル	97
도전하다	挑戦する	121	마시다	飲む	19	미인	美人	32
도쿄	東京	61	마음에 들다	気に入る	46	미술	美術	119
독특한	独特な	83	마침	ちょうど	83	민속촌	民俗村	107
독서	読書	119	만	~だけ、~のみ	91	믿다	信じる	18
돈	お金	17	만나다	会う	19	및	及び	144
돈을 벌다	金を稼ぐ	20	만들다	作る	21	**ㅂ**		
돌아가시다	亡くなる	29	만화	マンガ	119	바꾸다	代える、変わる	19
돌아오다	帰る、帰ってくる	19	많다	多い	11	바다	海	60
돕다	助ける	57	말	話	30	바라보다	眺める	19
동그랗다	丸い	123	말씀	お話	30	바쁘다	忙しい	41
동시통역	同時通訳	77	말이 없다	口数が少ない	31	바이올린	バイオリン	99
동아리	サークル	59	매년	毎年	114	박물관	博物館	15
되다	なる、よい	14	매일	毎日	57	반갑다	嬉しい	61
된장찌개	味噌チゲ	66	매주	毎週	114	받다	受け取る	13
드라이브	ドライブ	78	맥도널드	マクドナルド	129	발레	バレエ	111
드시다	召し上がる	29	맥주	ビール	62	바르셀로나	バルセロナ	141
듣다	聞く	15	맵다	辛い	55	발송	発送	144
들	~たち、~ら	69	머리	髪	20	밝다	明るい	18
들르다	立ち寄る	46	머리를 감다	髪を洗う	20	밤	夜	84
들리다	聞こえる	101	머리를 깎다	髪を刈る	110	밥	ご飯	30
들어오다	入ってくる	19	머리를 자르다	髪を切る	113	방	部屋	15
등록하다	登録する	78	먹다	食べる	15	방송국	放送局	121
등산	登山	17	먼저	先に	91	배가 아프다	お腹が痛い	47
디자이너	デザイナー	17	멀다	遠い	12	배낭 여행	バックパッカー	121
따님	お嬢様	30	멋있다	格好いい	72	배달	配達	131
따르다	従う	46	멋지다	すてきだ	97	배부르다	お腹いっぱいだ	116
딸	娘	30	메뉴	メニュー	64	배우다	学ぶ	14
때	時	17	메시지	伝言	53	배웅하다	見送る	76
떠나다	発つ	19	면	~れば ~と、~たら	12,16	백화점	デパート、百貨店	74
떠들다	騒ぐ	17	면 되다	~ればいい	84	버리다	捨てる	19
떡국	トックク（雑煮）	66	명	~名	27	버스	バス	60
떡볶이	トッポッキ	66	명랑하다	朗らかだ	31	정류장	停留場	94
또	また	62				번역	翻訳	129
똑바로 가다	まっすぐ行く	94				벌써	すでに	45
뜨겁다	熱い、暑い	61				벗다	脱ぐ	18
뜨다	(目を) 開く	48				베다	切る、刈る	13

앞	前	69	옛날	昔	104	은 것 같다	~(する)らしい	134,136
앞으로	これから	75	오늘	今日	20	은데요	~ですが・ますが	42,45
애니메이터	アニメーター	11	오다	来る	14	을	~を	11
애니메이션	アニメーション	11	오래전부터	ずっと以前から	11	을	~(す)べき~、	110,111
야마노테센	山手線	84	오르다	上がる、登る	115		~(する)はずの~	
야채	野菜	55	오른쪽	右の方	94	을 것 같다	~(し)そうだ	122,124
약	薬	20	오빠	(妹が兄に対して)兄	34	을 수 없다	~(する)ことができない	98,99
약속	約束	34	오색	五色	144	을 수 있다	~(する)ことができる	98,99
약을 먹다	薬を飲む	20	오후	午後	70		~(する)つもりです、	
애기	話し(이야기の略語)	133	온천	温泉	92	을거예요	~と思います、	70
어도 되다	~(し)てもよい	122,125	올림	(手紙などで)拝	97		~はずです	
어둡다	暗い	61	옳다	正しい	76	을게요	~(し)ますよ	98,101
어디	どこ	16	옷	服	46	을래요	~(し)ます	56,59
어떤	どんな	73	옷 가게	洋服屋	131	음료	飲料	144
어떻게	どのように	27	와	~と	95,96	음식	食べ物、料理	21
어떻다	どうだ	31	와인	ワイン	62	음악	音楽	15
어렵다	難しい	44	왜	なぜ	59	의	~の	32
어머니	お母さん	27	외국어	外国語	35	의사	医者	24
어머님	お母様	30	외국인	外国人	97	의자	椅子	102
어 보다	~(し)てみる	134,138	외출 중	外出中	50	이	~が	11
어서	~ので、~(し)て	56,58	외할머니	外祖母	38	이	この	55
어야 되다/하다	~(し)なければ ならない	122,123	외할아버지	外祖父	38	이 어떻게 되다	~がどのようになる	27
어제	昨日	14	왼쪽	左の方	94	이네요	~ですね・ますね	28,32
어 주세요	~てください	43	요리	料理	66	이니까	~から、~ので	84,87
어학 연수	語学研修	69	요리사	料理師	24	이다	~だ	12
언제	いつ	51	요즘	最近	49	이라서/이어서	~ので	58
얻다	得る	139	우동	うどん	63	이렇다	こうだ	126
얼굴	顔	31	우리	私達、我々	35	이를 닦다	歯を磨く	31
없다	ない、いない	18	우유	牛乳	102	이름	名前	30
었	~た	12	우정	友情	98	이메일	E-メール	13
에	~に	11	우회전	右回転	94	이면	~れば、~と、~たら	12,16
에게	~に	30	운동	運動	15	이번	今度	16
에버랜드	エバーランド (遊園地名)	107	운동하다	運動する	19	이번 주	今週	41
			운전	運転	71	이벤트용품	イベント用品	144
에서	~で、~から	11	운전 면허를 따다	運転免許を取る	71	이사	引越し	63
엑세스특급	アクセス特急	84	울다	泣く	18	이세요	~でいらっしゃい ます	42,43
여기	ここ	17	웃다	笑う	18	이셨	~でいらっしゃった	84,86
여기서	ここで	84	원피스	ワンピース	74	이시	~でいらっしゃる	28
여동생	妹	27	유럽	ヨーロッパ	111	이야기	話	98
여러분	皆様	109	유명하다	有名だ	55	이었	~た	12
여름 방학	夏休み	69	유모어	ユーモア	31	이에요	~です	11
여보세요?	もしもし	41	유원지	遊園地	74	이왕이면	どうせならば	107
여자	女、女子	102	유학	留学	17	이제부터	これから	112
여행	旅行	17	유학생회	留学生会	109	이지요	~でしょう・ましょう	42,44
역	駅	83	육개장	ユッケジャン	66	인데요	~ですが・ますが	42,45
연극	演劇	14	육교	歩道橋	94	인분	~人前	64
연락	連絡	16	으니까	~から、~ので、 ~すると、~したら	84,87	인터넷	インターネット	62
연락하다	連絡する	44	으러	~(し)に	70,74	인형	人形	76
연세(年歳)	お歳	30	으려고 하다	~(し)ようと思う	110	일	仕事、こと	32
연예인	芸能人	24	으로	~で、~へ	69	일본	日本	11
열	十	45	으면	~れば、~と、 ~たら	12,16	일시	日時	144
열다	開く	33				일어서다	立つ	19
열심히	一生懸命、熱心に	75	으면 되다	~ればいい	84	일주	一周	128
엿듣다	盗み聞きする	139		お~になります、		일찍	早く	34
였	~た	12	으세요	お~ください	42,43	일하다	働く	17
영상	映像	144	으셨	お~なさった	84,86	읽다	読む	15
영어	英語	137	으시	お~なさる	28	-입니다	~です	26
영화	映画	34	은	~は	11	입다	着る	18
예쁘다	きれいだ	31	은	~い~、~な~、 ~(し)た~	70,72	입학	入学	37
예약	予約	144				있다	ある、いる	11
예요	~です	11				잊다	忘れる	114

153

切る、断つ	끊다
着る	입다
きれいだ	예쁘다 [으変]
近所	근처

く

空港	공항
薬	약
薬を飲む	약을 먹다
ください	주세요
果物	과일
口数が少ない	말이 없다
靴	구두
ぐっすり、ゆっくり	푹
悔しい	속이 상하다
暗い	어둡다 [ㅂ変]
クリーニング屋	세탁소
来る	오다
車	차
黒い	까맣다 [ㅎ変]

け

計画を立てる	계획을 세우다
警察	경찰
芸能人	연예인
ケーキ	케이크
ゲーム	게임
劇場	극장
景色	경치
化粧台	화장대
ゲストハウス	게스트하우스
結果	결과
結婚する	결혼하다
欠席する	결석하다
健康診断を受ける	건강진단을 받다
検索する	검색하다
建築	건축
見物する	구경하다

こ

子犬	강아지
幸運	행운
公演	공연
工学	공학
合格する	합격하다
講義	강의
広告	광고
交差路	사거리
高速バスターミナル	고속버스터미널
こうだ	이렇다
交通が不便だ	교통이 불편하다
高等学生	고등학생
公務員	공무원
コート	코트
コーヒー	커피
コーヒーショップ	커피숍
コーラ	콜라
語学研修	어학 연수
古宮	고궁
故郷	고향
ここ	여기
午後	오후
ここで	여기서
ご子息	아드님
五色	오색
子供	아이
この	이
混む	붐비다
ご飯	밥
ご両親	부모님
ゴルフを打つ	골프를 치다
これから	앞으로 , 이제부터
怖い	무섭다 [ㅂ変]
コンサート	콘서트
今週	이번 주
今度	이번
コンビニエンスストア	편의점
コンピューター	컴퓨터

さ

サークル	동아리
最近	요즘 , 최근
財布	지갑
サイン	사인
探す	찾다
先に	먼저
作品	작품
左折	좌회전
サッカー	축구
サックス	색소폰
砂糖	설탕
悟る	깨닫다 [ㄷ変]
寒い	춥다
サムギョプサル	삼겹살
サムゲタン	삼계탕
サムルノリ	사물놀이
サラダ	샐러드
騒ぐ	떠들다
さん	씨

し

三角帽子	고깔 모자
参加する	참가하다
30%	삼십 퍼센트
三年	3 년
時	시
幸せだ	행복하다
歯科	치과
司会をつとめる	사회를 보다
資格取得	자격 취득
時間	시간
時給	시급
敷く	깔다
試験	시험
事件	사건
試験を受ける	시험을 보다
仕事、こと	일
静かに	조용히
慈善バザー	자선 바자
従う	따르다 [으変]
失礼	실례
失礼する	실례하다
自転車	자전거
品切れ	품절
死ぬ	죽다
支払う	치르다 [으変]
閉める	닫다
ジャージャー麺	짜장면
写真	사진
写真館	사진관
写真を撮る	사진을 찍다
十	열
就職	취직
収入	수입
週末	주말
授業	수업
授業中	수업 중
祝賀	축하
淑女	숙녀
熟成させる	숙성시키다
宿題	숙제
出品	출품
主婦	주부
準備	준비
情	정
紹介する	소개하다
小学生	초등학생
少女	소녀
少々、少し	잠깐만
小説	소설
招待する	초대하다
乗馬	승마
証明	증명
将来	장래
食事会	식사회
食堂	식당
植物栽培	식물 재배
ショッピング	쇼핑
書類	서류
知らせる	알리다
知らない	모르다 [르変]
知る	알다
白い	하얗다 [ㅎ変]
新幹線	신칸센
進行	진행
真実だ	진실하다
信じる	믿다
親切だ	친절하다
心配になる	걱정되다
新聞	신문

す

水曜日	수요일
吸う	빨다
数学	수학
スーパーマーケット	슈퍼마켓
スカイライナー	스카이라이너
スカイラウンジ	스카이라운지
スキー場	스키장
過ぎ去る	지나가다
好きだ	좋아하다
少ない	적다
過ごす	지내다
寿司	초밥
涼しい	서늘하다
進み出る	나서다
ずっと以前から	오래전부터
すてきだ	멋지다
すでに	벌써
捨てる	버리다
ストレスを受ける	스트레스를 받다
スパークリング	스파클링
スパゲッティ	스파게티
スプーン	숟가락
～するはずの～	을 / ㄹ
住む	살다
する	하다
～するつもりだ	겠
～する～、～している～	는
～することができない	을 / ㄹ 수 없다
～することができる	을 / ㄹ 수 있다
～することにする	기로 하다
座る	앉다

せ

性格	성격
成人式場	성인식장
正装（スーツ）	정장
正門	정문
世界	세계
背が高い	키가 크다
背が低い	키가 작다
責任持つ	책임지다
狭い	좁다
前	전
専攻	전공
先週	지난주
選手	선수
先生	선생님
選択	선택
先輩	선배 , 선배님
専門家	전문가
専門店	전문점

そ

掃除する	청소하다
～（し）そうだ	을 / ㄹ 것 같다
送別会	송별회
ソウル	서울
ソウルシティーツアー	서울시티투어
そこで	거기서
卒業する	졸업하다
その	그
その間	그동안
ソファ	소파
雪岳山	설악산

た

た	았 / 었 , 였 / 이었
～だ	이다
～（し）たい	고 싶다
体育	체육
第一、一番	제일
ダイエット	다이어트
大会	대회
大学院	대학원　大學院
大学生	대학생　大學生
大丈夫だ	괜찮다
大変だ	힘들다
高い	높다 , (값이) 비싸다
互い	서로
宝くじに当たる	복권에 당첨되다
タクシー	택시
タクシー乗り場	택시 승강장
竹	대나무
～だけ、～のみ	만
助ける	돕다
戦う	싸우다
正しい	옳다
～たち、～ら	들
立ち寄る	들르다 [으変]
発つ	떠나다
立つ	일어서다
立つ、止まる	서다
～だった～	던
楽しい	즐겁다
タバコを吸う	담배를 피우다
タバコをやめる	담배를 끊다
食べ物、料理	음식
食べる	먹다
ダメだ、いけない	안 되다
誰	누구
垂れ幕	현수막
炭酸飲料	탄산음료
誕生日	생일　生日
ダンス	댄스

ち	
小さい	작다
済州島	제주도
近い	가깝다 [ㅂ変]
違う、異なる	다르다 [르変]
地下鉄	지하철
地下道	지하도
力を尽くす	힘쓰다 [으変]
チヂミ盛り合わせ	모듬전
チムジルバン	찜질방
チャプチェ（春雨）	잡채
チャング（鼓の一種）	장구
駐車	주차
挑戦する	도전하다
蝶々	나비
ちょうど	마침
ちょっと、少し	좀
治療する	치료하다
つ	
追伸	추신
つかむ	잡다
疲れた	피곤하다
付き合う	사귀다
着く	닿다, 도착하다
机	책상
作る	만들다
(電気を)つける	켜다
伝える	전하다
常に	항상
つまむ	집다
冷たい	차갑다[ㅂ変], 차다
～(する)つもりです、～と思います、～はず です	을/ㄹ거예요
釣り	낚시
て	
～で(場所)、～から(出発)	에서
～(し)て(順次)	아서/어서
～(の)である～	인
～て、～てから	고
～で(手段)、～へ(方向)	으로/로
程度	정도
～でいらっしゃいます（か）	이세요/세요,이십니다/이세요?/세요?,이십니까?
～でいらっしゃった	이셨/셨
停留場	정류장
～(し)ている	고 있다
手紙	편지
～できない、～られない	못
～てください	아/어 주세요
テコンドー	태권도
デザイナー	디자이너
～でしょう	지요,아지요/지요（名詞文）
～です	습니다/ㅂ니다,아요/어요,입니다,이에요/에요
～ですか	습니까/ㅂ니까?,아요?/어요? 입니까?,이에요?/에요?
～ですが	는/은/ㄴ인데요
～ですね	네요,이/네요(名詞文)
哲学の道	철학의 길
テニスをする	테니스를 치다
では	그럼
デパート、百貨店	백화점
～(し)てみる	아/어 보다
～(し)てもよい	아/어도 되다
寺	절
テレビ	텔레비전
天気	날씨
電気をつける	불을 켜다
電源	전원
伝言	메시지
電源を切る	전원을 끄다
展示会	전시회
添付する	첨부하다
電話	전화
電話する	전화하다
と	
～と	과/와, 하고
～という	라고 하다
問う	묻다 [ㄷ変]
東京	도쿄
陶磁器	도자기
当日、日帰り	당일
同時通訳	동시통역
どうせならば	이왕이면
どうだ	어떻다
登録する	등록하다
遠い	멀다
時	때
読書	독서
独特な	독특한
特に	특히
どこ	어디
ところで、ところが	그런데
登山	등산
歳	나이
図書館	도서관
トック(雑煮)	떡국
トッポッキ	떡볶이
とても	아주
となりのトトロ	도나리노 토토로
どのように	어떻게
泊まる	묵다
友だち	친구
ドライブ	드라이브
男児り을	노겨귀베
撮る、押す	찍다
どんな	어떤
な	
ない	안, 지 않다
ない、いない	없다
中	속
長い	길다
眺める	바라보다
流れる	흐르다 [르変]
泣く	울다
亡くなる	돌아가시다
～(し)なければならない	아/어야되다/하다
～なさった	으셨/셨, 이셨/셨(名詞文)
成し遂げる	해내다
なぜ	왜
納豆	낫토
夏休み	여름 방학
何も	아무것도
何を	뭘 (무엇을の略語)
名前	이름
成田エクスプレス	나리타익스프레스
なる、よい	되다
何(数)～	몇
何（무엇の略語）	뭐
何の仕事、何の事	무슨 일
に	
～(し)に	으러/러
～に	에, 에게/한테(人や動物),께(尊敬)
二号線	2호선
西口	니시구치
日時	일시
～になる	이/가 되다
二年生	2학년
日本	일본
荷物	짐
荷物を持つ	짐을 들다
入学	입학
ニュース	뉴스
ニューヨーク	뉴욕
人形	인형
～人前	인분
二年	2년
ぬ	
脱ぐ	벗다
抜く	뽑다
盗み聞きする	엿듣다 [ㄷ変]
猫を飼う	고양이를 기르다 [르変]
寝る	자다
の	
～の	의
載せる、積む	싣다 [ㄷ変]
	아서/어서, 이라서
～ので	서/라서, 이어서/어서
のど自慢	노래 자랑
飲む	마시다
乗り換える	갈아타다
のり巻き	김밥
乗る	타다
は	
～は	은/는, 께서는(尊敬)
パーティー	파티
ハートメガネ	하트 안경
(手紙などで)拝	올림
バイオリン	바이올린
ハイキング	하이킹
配達	배달
入ってくる	들어오다
掃く	쓸다
履く	신다
爆竹	폭죽
博物館	박물관
運ぶ	나르다 [르変]
箸	젓가락
始まる	시작하다
はじめて	처음
場所	장소
走る	달리다
バス	버스
働く	일하다
バックパッカー	배낭여행
発送	발송
花	꽃
話	말, 이야기, 애기(이야기の略語)
話し中	통화중
花屋	꽃 집
腹が立つ	화가 나다
速い、早い	빠르다 [르変]
早く	빨리, 일찍
バラ	장미
バルセロナ	바르셀로나
バレエ	발레
晴れる	개다
歯を磨く	이를 닦다
パン	빵
ハンコを押す	도장을 찍다
ハンバーガー	햄버거
ひ	
～日	날, 일
ビール	맥주
引く	끌다
低い	낮다
ピクニック	피크닉
飛行機	비행기
ピザ	피자
日差し	햇볕
美術	미술
美人	미인
ビスケット	비스킷
左の方	왼쪽
びっくりする様子	깜짝
引越し	이사
～人	사람
一つ	하나
一つの	한
独り立ち	홀로서기
ビビンバ	비빔밥
ビビン冷麺	비빔냉면
秘密	비밀
表現する	표현하다
(目を)開く	뜨다 [으変]
開く	열다
昼、昼飯	점심
広い	넓다
広げる	펴다
ふ	
ブーケ	부케
風船	풍선
風船デコレーション	풍선 데코
吹く	불다
服	옷
福	복
ふざける	까불다
釜山	부산
富士山	후지산
不便だ	불편하다
冬	겨울
フランス	프랑스
フリー・ハグ	프리허그
フルート	플루트
プログラム	프로그램
文化祭	문화제
文化センター	문화센터
へ	
下手だ	서투르다 [르変]
別荘	별장
ベッド	침대
部屋	방
勉強する	공부하다
編集	편집
ベンチ	벤치
ほ	
方、側、方面	쪽

帽子	모자	メガネをかける	안경을 쓰다	~ればいい	으면 / 면 되다
放送局	방송국	召し上がる	드시다 , 잡수시다	レポート	리포트
歩道橋	육교	メニュー	메뉴	連絡	연락
ボードゲーム	보드 게임	**も**		連絡する	연락하다
ホームページ	홈페이지	~も	도 , 께서도		
朗らかだ	명랑하다	木曜日	목요일	録音する	녹음하다
補助	보조	模型	모형	ロマンスカー	로맨스카
ホットク	호떡	文字	문자	ロンドン	런던
ホテル	호텔	もしもし	여보세요?	**わ**	
ぼやけている	부옇다 [ㅎ変]	餅盛り合わせ	모듬떡	ワイン	와인
ボランティア	자원 봉사	もっと	더	若い	젊다
本	책	もっとも	가장	別れる	헤어지다
弘大（弘益大学）	홍대	ものすごく	굉장히	分ける、分かち合う	나누다
弘大入口駅	홍대입구역	門	문	忘れる	잊다 , 잊어버리다
本当に	정말	問題	문제	私	저 , 나 , 내
翻訳	번역	**や**		私達、我々	우리
ま		約束	약속	私の	제
毎週	매주	野菜	야채	笑う	웃다
毎日	매일	やさしい	착하다	割引	할인
毎年	매년	易しい	쉽다	悪い	나쁘다 [으変]
前	앞	安い	싸다	ワンピース	원피스
マクドナルド	맥도널드	休む	쉬다	**を**	
真面目だ	성실하다	やせる	살을 빼다	~を	을 / 를
~ましょう	지요,야지요/지요(名詞文)	山手線	야마노테센	**E**	
~（し）ます	을 / ㄹ래요	やめる	그만두다	E- メール	이메일
~ます	습니다/ㅂ니다, 아요/어요, 입니다, 이에요/예요	柔らかい	부드럽다 [ㅂ変]	**K**	
		ゆ		K·POP	케이·팝
		遊園地	유원지		
~ますか	습니까?/ㅂ니까?, 아요?/어요?, 입니까?, 이에요?/예요?	夕方、夕飯	저녁		
		友情	우정		
		有名だ	유명하다		
~ますが	는/은/ㄴ인데요	ユーモア	유모어		
~ますね	네요,이/네요(名詞文)	雪	눈		
また	다시 , 또	雪だるま	눈사람		
まだ	아직	ユッケジャン	육개장		
待つ	기다리다	**よ**			
まっすぐ行く	똑바로 가다	よい	좋다		
~まで	까지	用事	볼일		
学ぶ	배우다	~（する）ようだ	는/은/ㄴ것같다		
マラソン	마라톤	~（し）ようと思う	으 / 려고 하다		
丸い	동그랗다 [ㅎ変]	洋服屋	옷 가게		
マンガ	만화	ヨーロッパ	유럽		
み		よく	잘		
見える、見せる	보이다	四つの	네		
見送る	배웅하다	四年間	4 년동안		
右の方	오른쪽	世の中	세상		
短い	짧다	読む	읽다		
水着	수영복	予約	예약		
味噌チゲ	된장찌개	夜	밤		
道、途中	길	**ら**			
道が混む	길이 막히다	ラーメン屋	라면집		
道が滑る	길이 미끄럽다[ㅂ変]	来年	내년		
三つ	셋	ライブ・カフェ	라이브 카페		
三つの	세	ラジオをつける	라디오를 틀다		
皆様	여러분	**り**			
ミュージカル	뮤지컬	理解する	알아듣다 [ㄷ変]		
見る	보다	リムジン	리무진		
民俗村	민속촌	留学	유학		
皆、すべて	다 , 모두	留学生会	유학생회		
む		寮	기숙사		
昔	옛날	料理	요리		
虫歯	충치	料理師	요리사		
難しい	어렵다 [ㅂ変]	旅行	여행		
息子	아들	**れ**			
娘	딸	レストラン	레스토랑		
め		レッスン	레슨		
~名	명	~れば	으면 / 면 / 이면		

おはよう韓国語　2

検印
省略

© 2015 年 1 月 30 日　　初版発行
　 2023 年 1 月 30 日　　第3刷発行
　 2024 年 1 月 30 日　　第2版発行

著者　　　　　　　　　　　　　　　　　崔　柄珠

発行者　　　　　　　　　　　　　　　原　雅久
発行所　　　　　　　　　株式会社　朝日出版社
101-0065　東京都千代田区西神田 3-3-5
電話　03-3239-0271/72
振替口座　00140-2-46008
http://www.asahipress.com/

組版・デザイン / KEN　印刷 / 図書印刷